日本国債が暴落する日は来るのか?

低成長時代の国家戦略

榊原英資

ビジネス社

はじめに

いまの日本経済は、表面に現われた事象だけを見れば、そう悪いわけではありません。

3％ちょっとの失業率は、先進国ではもっともよい水準です。そこかしこで工事をやっている建設・土木業界は人手不足が続いています。

民間の設備投資や輸出はいまひとつでも、公共投資は効いていて、2016年度の実質GDP成長率は当初予想よりやや高い0・7〜0・8％と見る人が多いようです。17年度はなお高い1％程度が見込まれており、経済は微妙ながら上向きといえるのでしょう。

ところが、表面でなく深いところを見れば、日本経済は、さまざまな大難問をかかえています。

少子高齢化が進み、社会保障コストはふくらむ一方で、政府は毎年40兆円規模の国債を発行して莫大な借金を積み上げています。国と地方の債務残高は1200兆円規模で、毎年のGDPの2・4倍のものを返せるのか、という話が出ています。

非正規雇用者が働く人の4割に達し、低年収の若い人たちも激増しています。彼らは高齢者の面倒を見るどころか、こんなことでは結婚すらできないと思っています。

海面だけを見れば、波の様子は何年も前と変わらず、台風が来て大波が立っても通り過ぎれば元に戻る。しかし、海の中を見れば、巨大な冷水塊がどんどん大きくなっていて、実は海流の方向も、以前とまったく異なる方向を向いている。――日本経済には、これと同じことが起こっているのではないでしょうか。

アベノミクスがスタートして4年。依然として「道半ば」とされるなか、目玉の「異次元の金融緩和」効果にも、だんだん陰りが見えてきました。

日銀は国債を毎年80兆円、つまり国の出す2年ぶんを市場から買い入れています、マイナス金利も導入し、国債の金利（利回り）はマイナスが当たり前になりました。それでも物価上昇率2％の目標を達成できるメドは、まったく立っていません。

道半ばなら終点までの距離の5割や6割進んだのかといえば、そうではなく、終点までの距離がはっきりしません。ようするに「出口」が見えないのです。

日本国債は、財投債を加えても全世界に九百数十兆円ぶん（総残高）しか存在しないのですから、日銀が毎年80兆円ずつ買えば、やがてすべての国債を日銀が持ち、日本国債の市場が消滅する日が来てしまいます。ですから、どこかで買い入れを止めなければなりませんが、それがいつで、そのとき何が起こるか、誰も説明していません。

そんななか、日本国債は価格が暴落（金利は暴騰）するのではないか、と疑問に思う人が絶えません。インターネットにも、その議論があふれています。

筆者もしばしば聞かれ、そのたびに「いまはまだ大丈夫だよ。なぜならば……」と説明してきました。何度同じ話をしたか、もう忘れるほどに繰り返しました。

そこで本書で、日本国債はいつまで発行し続けることができるか、暴落する日はくるのか、発行が限界を迎えたとき日本はどうすべきなのか、といった問題に答えましょう。同時に日本経済の問題点、アベノミクスの帰趨《きすう》、これから日本が打ち立てるべき国家戦略などについても考えます。世界の国債にも触れて、日本経済や世界経済がこれからどう動くかという見方をお伝えします。

国債をめぐる話は、利回りなど細かい数字が出てきてとっつきにくく、日銀の「国債買い入れ」と「直接引き受け」のように似て非なる問題や、誤解されがちな問題が少なくありません。ですから、しつこいくらいにかみくだいてお話ししたつもりです。

国債を知れば、経済の「いま」がわかります。「いま」がわかってはじめて、将来を見通すことができます。本書を手にされた読者が、国債を知り、経済についての理解を深め、日々の仕事や暮らしに生かしてくださることを、心から願っています。

２０１６年11月

榊原英資

日本国債が暴落する日は来るのか？　低成長時代の国家戦略　もくじ

第1章　国債を知れば、経済の「いま」がわかる

国債を知るために必要な基礎知識

第2章 日本国債、なぜこうなった？
初の国債発行から「異次元の金融緩和」まで

第3章 日本国債、これからどうなる？ アベノミクスの先に待つ、越えられない「壁」

第4章 米国債・欧州債と世界経済のいま
アメリカの復活と中国のこれから

第5章

低成長時代を、日本はどう生きるべきか？

成長戦略、構造改革はもういらない

第1章

国債を知れば、経済の「いま」がわかる

国債を知るために必要な基礎知識

「国債」とは、なんだろう?——国の「借金」

みなさんは新聞記事やテレビのニュースで、「国債」という言葉をよく見聞きされていることでしょう。

では、国債とは、なんでしょうか?

一言でいえば、国債は「国(政府)の借金」です。借金するとき国が発行する「借用証書」でもあります。

新聞やテレビは国債について、たとえば、こんなことを伝えています。

○日本の国債の発行残高は、2016年度末(17年3月末)に約838兆円となる。

○国と地方の長期債務残高(右の国債残高に地方債などを加えたもの)は16年度末に1062兆円となる見込み。対GDP(国内総生産)比では約205%となる。この比率が200%を超えている主要国は日本とギリシャだけで、日本がかかえる借金は国別では世界最大である。

○国の一般会計の歳入総額は、16年度の当初予算で96兆7218億円。うち35・6%にあたる34兆4320億円が公債金、つまり新規国債（建設国債と特例国債）を発行して受け取る借金である。
◯一般会計の歳出総額（歳入総額と同額）のうち、24・4％にあたる23兆6121億円が国債費である。これは国債償還費や利払い費などにあてられる。
◯2016年度に日本政府が発行する国債発行総額は、新規国債・復興債・財投債・借換債を合計して162兆2028億円である。

いかがですか。細かい数字はうろ覚えでも、どこかで見聞きした記憶があるでしょう。改めて読むと、日本は借金まみれで、どうやらとんでもないことになっているようだ、と思えてくるかもしれません。

とくに最後の項目は、初めて知ったという人が少なからずいるのではないでしょうか。日本政府の一般会計歳入総額（16年度は97兆円弱）の3分の1程度が国債発行によって賄われていることは、多くの人が知っていると思いますが、それは新規国債ぶんだけの話なのです。

右の数字は財務省サイトにも載っていて、財務省は「こんな状況だから、財政健全化を急がなければならない」と訴えています。そこまで書いてありませんが、実は「増税が避けられないことを、ぜひともご理解いただきたい」と言いたいわけです。

財務省が16年4月に出した「日本の財政関係資料」というパンフレットから、日本の国債がどんどん増え続けていることを示すグラフを引用しておきましょう（図表1）。

グラフには、国債発行残高８３８兆円は「税収にして約15年分」に相当とあります。国民一人あたりで約６６４万円、４人家族では約２６５６万円の借金を負っている計算になる、とも書いてあります。

パンフレットの冒頭、第1部の扉に掲げてある言葉は、こうです。

「現在、我が国の債務残高は対ＧＤＰ比で２３１・１％。これは、歴史的にも国際的にも、例を見ない水準である。しかも、急速な高齢化の進展の下で、債務残高累増《るいぞう》の趨勢《すうせい》は未《いま》だに止まる展望が見えない」（財政制度等審議会「平成28年度予算の編成等に関する建議」平成27年11月24日）

「国債」とは、なんだろう？——持っている側の「資産」

ところで財務省は、国債がこんなに増えたら困る、たいへんだ、と言う一方で、国民には個人向け国債を買ってほしいと、盛んに言っています。

図表1：国債残高の推移

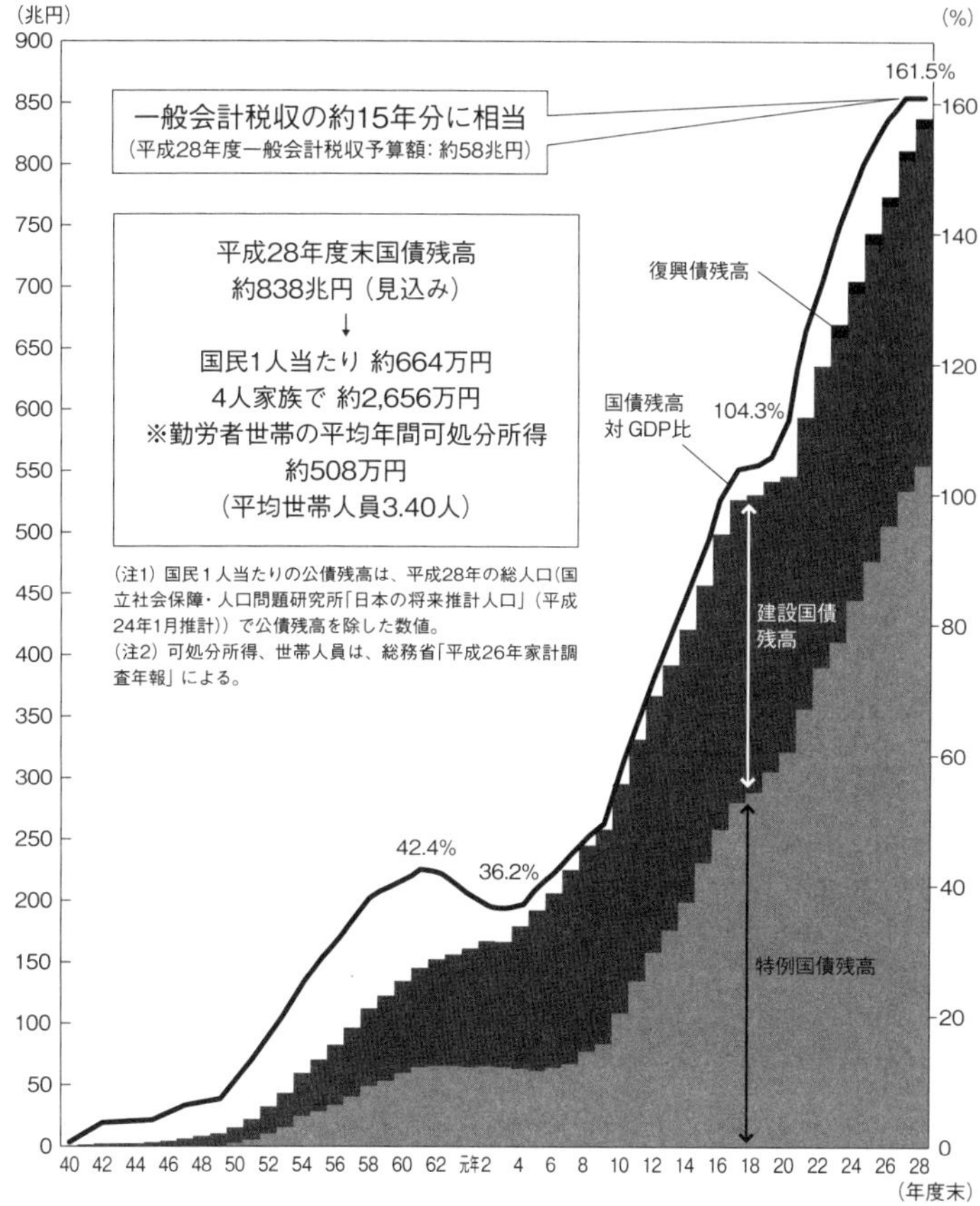

(注1) 公債残高は各年度の3月末現在額。ただし、平成27年度末は補正後予算に基づく見込み、平成28年度末は予算に基づく見込み。(注2)特例公債残高は、国鉄長期債務、国有林野累積債務等の一般会計承継による借換国債、臨時特別公債、減税特例公債及び年金特例公債を含む。(注3)東日本大震災からの復興のために実施する施策に必要な財源として発行される復興債(平成23年度は一般会計において、平成24年度以降は東日本大震災復興特別会計において負担)を公債残高に含めている(平成23年度末:10.7兆円、平成24年度末:10.3兆円、平成25年度末:9.0兆円、平成26年度末:8.3兆円、平成27年度末:7.8兆円、平成28年度末:7.6兆円)。(注4)平成28年度末の翌年度借換のための前倒債限度額を除いた見込額は790兆円程度。

出所：財務省

証券会社、信用金庫、銀行、農協、郵便局（ゆうちょ銀行）などには、有名俳優やタレントを起用した個人向け国債のポスターが貼ってあり、パンフレットも並んでいます。国債の募集が始まる日が近づくと、新聞に広告が載り、テレビCMが流れます。謳い文句は「安全　手軽　選べる」です。

たとえば「満期5年　購入単位1万円　利率年0・1％　利子受け取り年2回　償還金額額面100円につき100円」といった条件がついた個人向け国債を、誰でもいくらでも買うことができます。

ただし、いまの国債は現物の証書が発行されないペーパーレスで、初めて買う人は、取り扱い金融機関で国債の振替口座を開設する必要があります。

国債を10万円ぶん買った人は、国に10万円を貸し付けたのと同じことです。おカネを借りた国は、貸してくれた人に利子を払い、期限が来れば元本を返済します。

つまり国債は、発行する国から見れば「借金」ですが、国債を持っている人や組織から見れば「資産」「財産」なのです。

あまり指摘する人がいないようですが、この視点を忘れてはいけません。

実はあなたも「間接的に」国債を購入・保有している

では、あなたは国債を買って持っていますか？

「持っている」という人は大勢いますが、国民全体から見ればあまり多くなく、金額も限られています。

国債の発行残高のうち「家計」が保有する比率は1・3％、額にして14兆円と、微々たるものです。1億2700万人で割り算すれば、一人あたり保有額は11万円ちょっとにすぎません（数字は16年6月末）。

ここでいう「家計」は、企業や政府と並んで国民経済を構成する経済主体の一つを指します。だいたい「世帯」と同じ意味と思ってください。

個人や消費者といっても間違いではありませんが、人びとは勤労・事業・財産運用などで得た収入から消費や貯蓄をするので、消費するだけのイメージが強い「消費者」と呼ぶのはピンときません。人びとの収入や支出は家族全体に共通する場合が多いので、「個人」と呼ぶのもいまひとつ。そこで、経済学では家計という言葉を使います。

その家計が、国債をあまり持っていないならば、国は誰に対して国債という借用証書を発行し、借金をしているのでしょうか？

あなたは、証券会社や銀行の窓口に出向いて個人向け国債を買ったことはないかもしれません。

でも、あなたやあなたの家族は、銀行・信用金庫・郵便局などに定期預金や普通預金を預け入れているでしょう。また、あなたやあなたの家族は、生命保険・医療保険・損害保険・年金などの掛け金（保険料）を保険会社・損保会社・年金基金などに納めているでしょう。

実は、そのようにおカネを集めた金融機関・保険会社・年金基金などが、そのおカネを使って、日本の国債を大量に購入しています。

ということは、預金や保険におカネを回す多くの日本国民は、自分で買った覚えがないにもかかわらず、間接的に国債を買っているのです。

もちろん、あなたもです。

日本銀行の「資金循環統計」によると、日本の家計（ここでは自営業者も含みます）は全体で１７００兆円以上の金融資産を持っています。

内訳は現金・預金９２０兆円、証券（株式・投資信託・国債など）２５８兆円、保険・年金・定型保証５２０兆円などとなっています。

言い換えると、日本人は金融資産の半分以上を現金と預金で持ち、3割を保険や年金などに回し、15%を株式や投信や国債などで持っています。バブル崩壊やリーマン・ショックの痛手が大きかったため、株式にはあまり手を出していません。

家計がおカネを預金や保険に振り向ける割合の高いことは、家計が間接的に購入する国債のボリュームが大きいことを意味しています。

特別参加者が入札し、機関投資家の手にわたる

生命保険会社、損害保険会社、信託銀行、年金基金など、大量の資金を集めて運用する大口投資家を「機関投資家」と呼びます。機関投資家は、国内外の株式・債券・為替などさまざまなものに投資して資金運用をしており、国債は安全で重要な投資先の一つとなっています。

国債を売り出すときは、いくらで買うかを競う「国債入札」がおこなわれます。金融機関は市場で流通している国債の価格などを参考に入札し、より高い金額を提示した金融機関が購入する仕組みです。

さらに細かくいうと、財務省は、国債の安定消化促進のために「国債市場特別参加者制

図表2：国債市場特別参加者

SMBC日興証券株式会社	野村證券株式会社
岡三証券株式会社	バークレイズ証券株式会社
クレディ・アグリコル証券会社	BNPパリバ証券株式会社
クレディ・スイス証券株式会社	株式会社みずほ銀行
ゴールドマン・サックス証券株式会社	みずほ証券株式会社
JPモルガン証券株式会社	株式会社三井住友銀行
シティグループ証券株式会社	三菱UFJモルガン・スタンレー証券株式会社
ソシエテ・ジェネラル証券株式会社	メリルリンチ日本証券株式会社
大和証券株式会社	モルガン・スタンレーMUFG証券株式会社
ドイツ証券株式会社	UBS証券株式会社
東海東京証券株式会社	（2016年7月15日以降、以上21社）

出所：財務省

度」というものを設けています。

国債市場特別参加者とは、国債入札に積極的で、相応の責任――たとえば毎回の入札で発行予定額の4％以上を必ず応札する、短期・中期・長期・超長期国債のそれぞれ一定割合以上を必ず落札するなど――を果たすと約束した常連業者のことで、「プライマリー・ディーラー」とも呼びます。

特別参加者に指定されているのは三大証券、外資系証券、銀行系証券、銀行など21社（図表2）。こうした業者が中心となり、都銀・地銀・第二地銀・信金・証券・外銀・生損保など一般参加者200社以上も加わって、国債を落札するわけです。証券会社や銀行の窓口で売られている個人向け国債も、いったん落札された後のものです。

「国債」は借金であり資産——このことから見えてくるのは？

日本では、とくに国営の郵便局におカネを預ける伝統が根強く、これは国債の購入とほとんどイコールといえるものでした。

というのは、郵便貯金の資金は1885（明治18）年から大蔵省預金部（後の資金運用部）に預託され、大半が国債として運用されたからです。

その後、郵便貯金や簡易保険の資金は財政投融資の基礎となり、国債買い入れ、政府系金融機関への融資、地方自治体や公団の公共事業などに使われました。

1990年代には、郵便局が高い金利を謳って集めたカネが、たとえば住宅金融公庫に融資され、公庫は低い金利で国民に融資しました。すると、借りた国民が公庫に返済し、さらに公庫が郵貯に返済するとき、いわゆる「逆ざや」が生じてしまい、政府の一般会計から金利を補塡《ほてん》せざるをえませんでした。これはよくないということで仕組みが改められたのは、ようやく2001年になってからです。

財政投融資は現在、国が「財投債」という国債を発行して資金を調達し、運用されています。いま国債を発行してやっていることを、かつて郵便局が貯金や簡易保険を集めてやっていたわけですから、「国債を売ること」と「貯金や簡保を集めること」は、ほとんど変わりがなかったともいえるのでしょう。

国債は国の〝借金〟であると同時に、裏を返せば誰かの「資産」。しかも、実は国債は間接的ながら国民の資産で買われたもの、あるいは国民の資産が形を変えたもの――そうと知れば、みなさんにとって国債は、以前よりずっと身近な存在に思えてくるのではありませんか？

なんだかたいへんそうだと思っていた国の借金が、実は他人事ではなく、自分の資産と関係があるのですから、国債に関する興味や疑問もいろいろとわいてくるでしょう。

この本を通じて私は、みなさんの興味や疑問に答え、国債を知ることで浮き彫りになる日本経済や世界経済の現状や将来像をお伝えしたい、と考えています。

国債は借金であり資産でもあるという二つの見方から出てくる、いくつかの論点や問題を、図表3に書き出しておきます。いちばん下には、ちょっと結論めいたことを書き加えました。

国債という国の借金は、国債を購入する（国債を引き受けてカネを貸す）人がいなければ、際限なくふくらますことなどできません。

図表3：国債とはなんだろう？

国債＝国の借金（借用証書）、債務

この観点からは、次のようなことが問題になる。

借金は、総額いくらで、どのように返済するか？

借金は、誰に対してしているのか？

借金は、いくらまでならば可能なのか？

借金は、将来の世代につけを回すことにならないか？

借金が増えて、財政が硬直化しないか？

見方を変えると

国債＝保有者の資産（取り立て証書）、債権

この観点からは、次のようなことが問題になる。

資産として、どんなものがあるか？

資産として、どんなメリットがあるか？
（利回りは？　安全性は？　換金性は？）

資産として、どんなリスクがあるか？
（信用リスクは？　金利・価格・為替などの変動リスクは？）

ということは

国債発行には限界がある

借金 ＜ **資産** のうちは、借金を続けられる（国債発行を継続できる）。

借金 ≧ **資産** ならば、借金を続けられない（国債発行を継続できない）。

また、歴史的・国際的に例がないほど積み上がった国債という借金に危機感を抱くことは自然だとしても、国債を購入する人がいる現在が、いきなり国債の価格が暴落するような危険な状況ではないこともおわかりでしょう。

インターネットで国債に関する議論を読むと、「現在の国債発行残高は明らかに異常。国債暴落の日もそう遠くないのでは」と危機感を煽る声がある一方で、「国債の発行残高だけを見て全体のバランスシートを見ないのはおかしい。バランスシートで見れば、現在の発行残高には何の問題もない」という声もあります。

発言者のプロフィールを見ると、どちらも経済学者の主張だったりしますから、ふつうの人が読むと、どちらの言い分が正しいのか判断がつかず、もやもやがつのるばかり。

国債の話には金利や利率など細かい数字がつきもので、ただでさえ面倒くさいところに結論が正反対では、せっかく国債に興味を持った人も投げ出してしまいそうです。そんな人のもやもやを解消するのも、本書の役割だと思っています。

国債の発行残高がふくらみにふくらんで、いまや国民一人あたり約664万円、4人家族では約2656万円の借金を負っている計算になる、という財務省の主張を冒頭で紹介しました。

これは国債の「借金としての一面」だけに注目した一つの試算です。

逆に、国債の発行残高の9割が日本国内で保有されているとすれば、国民全体で754兆円（＝838兆円×90％）の資産があることになります。1億2700万人で割り算すれば、国民一人あたり593万円の資産を持っている計算になる、ともいえます。

これまた国債の「資産としての一面」だけに注目した一つの試算です。以上は立場によって見方が違うという話で、一方が正しく他方は間違いという問題ではありません。

一方だけを声高に主張する人が多いのですが、全体を俯瞰しながら日本国債の望ましい姿を模索していく必要があります。

国債の基礎知識を押さえておこう――国債は、国が発行する「債券」

ここで、本書を読み進んでいただくとき必要となる国債に関する基礎知識を、いくつかお話ししましょう。

第2章で日本の国債と日本経済、第3章以降でアメリカ・中国・ヨーロッパの国債と話を広げていきますが、基礎知識さえ押さえておけば、すんなり理解できるはずです。すでに簡単に説明したことも出てきますが、おさらいのつもりで頭を整理してください。

まず、国債とは、国が発行する「債券」です。

債券は、一定の信用ある組織（発行体といいます）が、多くの人から、同じ条件で、大量の資金を調達するときに発行する一種の借用証書のこと。友だちからカネを借りるときに書く借用証は、信用力のある組織が発行するわけでも、多くの人からカネを集めるわけでもないので、債券ではありません。

発音が同じで、上の字も同じ「債権」という言葉がありますから、ごっちゃにしないでください。「債権」とは、ある人が、ほかの人に対して、財産に関するある行為を請求することができる権利のことです。反対語は「債務」で、ある人が、ほかの人に対して、財産に関するある行為を提供しなければならない義務のことです。ある行為とは、たとえば金銭の支払いです。

債券は、借りたカネの額である「額面金額」、カネを返す期日（償還期限日、満期日）が決まっており（債券が文字どおり紙の場合は、表面に記載され）、その日に額面金額を返済しなければなりません。返済のことを「償還」といいます。

カネを借りた発行体は、満期まであらかじめ決められた条件（たとえば半年に1回、利率1％など）で利息（利子）を支払うのがふつうです。

額面金額から利息分を差し引いた価格で発行され、利子がつかない債券もあり、「割引債」

と呼ばれます。

利息・利子・金利は、おカネを貸し借りするときの「使用料」

「利息」と「利子」は同じ意味で、どちらも「金利」のことです。

おカネを貸し借りするときは、家や車を貸し借りするときと同じように、使用料が発生します。利息・利子・金利は「おカネに関する使用料」の呼び方で、家でいう家賃、車でいうレンタル代やリース代にあたるものです。

ただし、家賃やレンタル代は「月18万円」「1日3万円」などと金額（円）でいいますが、金利は「年1％」などと元本（額面金額）に対する比率（％）でいいます。

利息・利子は「300万円を預けて利子6000円を受け取った」と金額（円）でいうのがふつうです。もっとも「この定期預金の利息は年0・2％だ」ということがよくありますし、間違いとはいえないでしょう。

蛇足ですが、貸したとき（預けたとき）もらうのが利子、借りたときわたすのが利息と使い分ける、という話があります。これも、まあ、どうでもよいでしょう。

債券は他人に譲渡できますし、多数が流通しているものは市場で売買することができ、価格がつねに変動しています。

債券の「額面金額」は、1万円札に10000円と書いてあるのとは意味が違いますから、注意してください。

1万円札はつねに1万円の価値があるものとして流通し、1万円札と9800円を交換したり、1万円と1万300円を交換する人はいません。しかし、額面金額が1万円の債券は、9800円や1万300円で取引されることがあります。額面金額がものをいうのは償還のときで、満期になればこの金額が返済されます。

債券は、発行体によって、いくつかに分けられます。

国債（国）、地方債（地方公共団体）、政府保証債（政府関係機関や特殊法人など。政府が元本や利息支払いを保証する）、社債（事業会社、一般会社）、金融債（特定の銀行・金庫）、外国債（外国政府・外国法人）などで、（　）内が発行体です。

ここまでが、債券一般に共通する基礎知識です。

国債の価格は、金利が上がると下がり、金利が下がると上がる

債券のうち国債は、発行する国（政府）が元本や利息の支払いを保証します。

図表4：国債の「価格」と「金利」の関係とは？

国債の価格と金利は、逆向きに動く。
つまり、国債の価格は、金利が上昇すれば下落し、
金利が低下すれば上昇する。

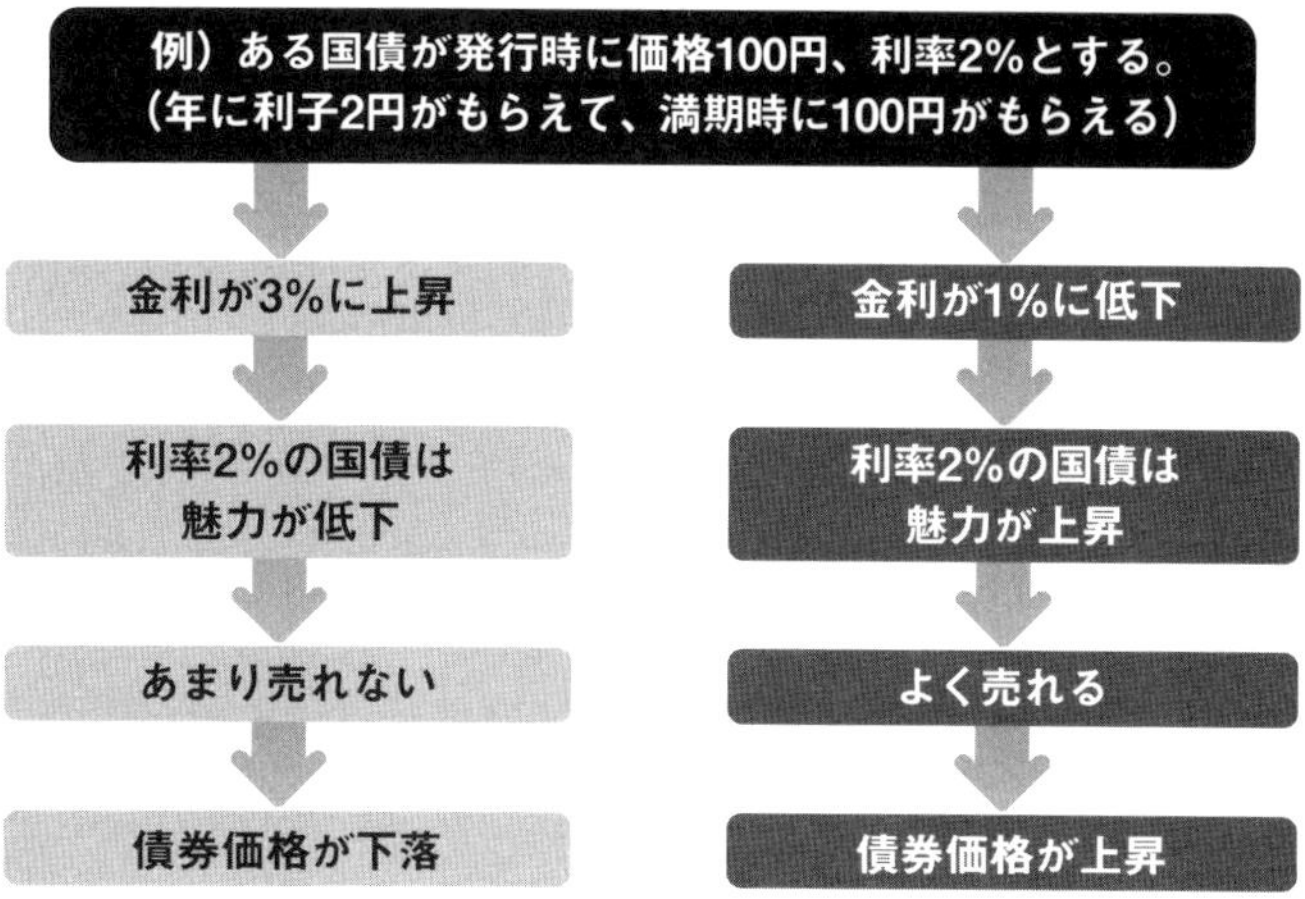
例）ある国債が発行時に価格100円、利率2%とする。
（年に利子2円がもらえて、満期時に100円がもらえる）
金利が3%に上昇
利率2%の国債は魅力が低下
あまり売れない
債券価格が下落
金利が1%に低下
利率2%の国債は魅力が上昇
よく売れる
債券価格が上昇

ふつうは発行体のなかで国の信用力がもっと高いので、国債はすべての債券のなかでもっとも安全性が高い、と考えられています。

例外もありますから、国債の安全性についてはあとで詳しくお話しします。

国債は、発行量も、市場における流通量も非常に多いので、換金性に優れており、日本の債券市場の中核になっています。入札のときも、その後に市場で売買されるときも、国債の価格は、金利の動向その他によってつねに変動します。

新聞記事に「10年もの国債の金

利が上昇（価格は値下がり）」とか「国債の市場価格が下落（金利は上昇）」などと書いてあるのを、よく見かけます。（　）で注記されているように、国債は金利が上がると価格が下がり、金利が下がると価格が上がります。図表4を眺めていただければ、この理屈がおわかりでしょう。

国債の「利率」と「利回り」の違い

次に押さえておきたいのは、国債の「利率」と「利回り」の違いについてです。

利率とは、1年に受け取る利子の額面金額に対する比率のことで、クーポン（クーポンレート）とも呼ばれます。利率は国債が発行されるときに確定しています。額面金額という言い方に合わせて「表面利率」ということもあります。

利回りとは、受け取り利子と償還差益（または償還差損）を含めた全収益の、投資金額（ふつうは購入価格）に対する、1年あたり（年平均）の比率のことです。

図表5に示すように、額面金額と利率が同じでも、購入・売却価格や購入・売却のタイミングなどによって利回りが変わってきます。

債券に投資するときは、利率ではなく、投資金額に対して利益がどのくらいになるか示

図表5：「利率」と「利回り」の違いとは？

利率 **額面金額に対する、毎年受け取る利息の比率。クーポンともいう**

（例）額面金額100万円の国債を購入し、1年目に2万円の利息を受け取る。

利率 ＝ 利息 2万円 ／ 額面金額 100万円 × 100 ＝ **2%**

利回り **投資金額に対する、利息と償還差益（差損）を含めた収益の、1年あたりの比率**

（例1）5年満期・利率2%・額面金額100万円の国債を98万円で購入し、満期まで持つ。

利息合計　2万円 × 5年分＝10万円

償還差益　償還金100万円－投資金額98万円＝2万円

利回り　[年利息＋(償還差益／年数)]／投資金額×100
＝[2万円＋(2万円／5年)]／98万円×100
＝**2.45%**

これが「利回りの計算式」

（例2）5年満期・利率2%・額面金額100万円の国債を103万円で購入し、満期まで持つ。

利息合計　2万円 × 5年分＝10万円

償還差益　償還金100万円－投資金額103万円＝▲3万円

利回り　[年利息＋(償還差益／年数)]／投資金額×100
＝[2万円＋(▲3万円／5年)]／103万円×100
＝**1.36%**

実際の利回りは、税金などのコストを考えて計算する必要がある。
以上は新発債（新規発行債）を満期まで持つ場合。既発債をある時点で購入し満期前に売却する場合は、償還金を売却額と読み替え、年数や利息の受け取り回数も考えて計算する必要があるが、考え方は同じ。

す利回りに注目しなければいけません。

深刻な財政危機に陥ったギリシャの国債は、利回りが年30％を超えたことがあります。

２０１０年に10％前後だったギリシャの長期金利は、12年前半のピークで30％台後半まで上昇しました。

財政破綻で借金が返せなくなる恐れから誰も手を出さず、金利がどんどん上がり、国債の価格がどんどん下がっていったのです。ギリシャのユーロ離脱がささやかれたころのことです。

わかりやすくいえば、額面金額1万円の国債の市場価格が、８０００円、７０００円とどんどん下がっていき、ある時点で買えば、満期で戻る1万円と途中で受け取る利子を合わせて年に30％以上儲かる計算（利回り30％以上）になったわけです。

そんなに儲かるならギリシャ国債を買おうというのは浅はかな考えで、買った直後に事実上のデフォルト（債務不履行）にあい、保有する国債のうち半分の債権放棄を強制され、残りも違う債券に切り替えられてしまった人がいます。大儲けできることがないとはいいませんが、手を出すべきものではありません。

「10年もの国債」の金利が「長期金利」の指標となる

ところで、金利には「短期金利」と「長期金利」があります。

長期金利は、個人の住宅ローン、企業が設備投資をするときの借り入れ、満期までの期間が長い債券や定期預金などの金利を決めるとき、おおもとになる重要な金利です。長期金利の動きは、個人の住宅投資や企業の設備投資を大きく左右し、経済動向と密接に関係しています。

長期金利は、1年以上の期間を想定したときの金利ですが、とくに「10年もの国債」（以下「10年国債」と呼ぶことにします）の金利が、その指標として使われます。

「長期金利が0・1%になった」というときの0・1%は、直近に発行された10年国債の利回り（市場価格から計算した現時点での利回り、年平均で投資金額の何%を受け取ることができるか示す比率）をいうのです。

長期金利グラフの隅に「新発10年国債利回り」などと書いてあるのが、これです。

10年国債は、発行額も債券市場における取引量もいちばん多い国債で、毎月売り出されるため、金利の動向を示すのにたいへん都合がよいのです。

では、長期金利（10年国債の利回り）はどのように決まるのでしょうか？

大前提となるのは、長期金利は政府や財務省や日銀が決めるものではなく、市場における長期資金（おカネ）の需要と供給によって決まるということです。

国債を出すことは、長期資金の「需要」がある（長期資金が必要とされている）ことです。いまの日本政府は、医療費や年金など支出がかさむのに税収が足りないため、国債を出しておカネを借りたいと考えていますから、資金の需要があります。

逆に、国債を買うことは、長期資金の「供給」がある（長期資金が提供されている）ことです。いまの日本は、おカネがダブついており、資金の供給があります。

そして、金利は「おカネを貸し借りするときの使用料」ですから、一般のモノの価格が決まるのと同じように、需要と供給の関係（需給関係）で決まっていきます。

需要が供給を上回れば、使用料は上がります。言い換えれば、金利が上がって、国債の価格が下がります。これは国が国債を売りたいのに、買い手が少ない場合です。

逆に、供給が需要を上回れば、使用料は下がります。言い換えれば、金利が下がって、国債の価格が上がります。これは国債の買い手が多い場合です。

人びとの「予想（期待）」が長期金利を決めていく

以上を前提として、長期資金（おカネ）の需要と供給を左右する要因にはどんなことが考えられるか、説明しましょう。

もちろん世界情勢、国や社会の動向、景気の動向、政府の財政状況、家計や企業の経済状況など、さまざまな要因が長期資金の動きを決めていくわけですが、ここでお話ししておきたいのは、金利の動向には、人びとや企業が「将来はこうなるのではないか」と考える「予想」（期待）が大きく関係しているということです。

たとえば、金利1％の世の中で「近い将来インフレが始まって、金利が数％になるだろう」という予想が広がるとします。

すると、多くの人は「10年もの国債」は買わず（持っていれば売って）、資金をたとえば「満期1年の定期預金」に振り向けるでしょう。国債の利率は10年間ずっと1％のままですが、1年定期の金利は毎年上がっていく可能性が高いからです。

ということは、人びとが予想した瞬間から10年国債が売られはじめ、10年国債の価格は下落し、長期金利が上昇します。

逆に、金利5％の世の中で「日本ではデフレが進み、金利がどんどん下がるだろう」という予想が広がるとします。すると、多くの人は定期預金を取り崩し、利率が高いうちに10年国債を買っておこうとするでしょう。

ということは、人びとが予想した瞬間から10年国債が買われはじめ、10年国債の価格は上昇し、長期金利が下落します。

将来どのくらいインフレになりそうかという予想率を「期待インフレ率」と呼びます。日銀は期待インフレ率の動向を調査・把握し、金融政策の参考にしています。

期待インフレ率・期待潜在成長率・リスクプレミアムは「経済の体温計」

おカネの使い方を考える人や企業は、将来の経済成長率がどうなるかも気になります。「景気が悪く、将来も不況が続きそうだ」という予想が世の中に広がれば、多くの企業は「生産を拡大しても商品が売れそうにない。設備投資はやめておこう」と考えます。すると長期資金の需要が減って、おカネがダブつきます。その結果、長期資金の使用料である長期金利が下がります。

将来どのくらい成長しそうかという予想率を「期待潜在成長率」と呼びます。

高度成長期は期待潜在成長率が高く、投資が活発で高金利でした。バブル崩壊後などの低成長期は期待潜在成長率が低く、投資が不活発で低金利でした。

国債の不確実性や危険性についての予想が、金利を動かすこともあります。政府の財政規律が乱れ、財政当局が信用できないとなると、国債を買う投資家は「もっと使用料（金利）が高くなければカネを貸せない」と、上乗せ金利を要求するのです。もちろん、いちいちそのように伝えたり怒鳴り込んだりするわけではなく、金利が上がるまで国債を買わずに待つわけです。この場合も長期金利が上昇します。

上乗せ部分の金利を「リスクプレミアム」と呼びます。ギリシャ国債の利回りが年30％超になったとお話ししましたが、これにもリスクプレミアムが上乗せされていました。

期待インフレ率・期待潜在成長率・リスクプレミアムの三つは長期金利を決める重要な要素なので、「経済の体温計」といわれることがあります。

長期金利は下がりつづけ、「超低金利時代」に突入

図表6をご覧ください。日本の長期金利はこの10年間、1％台後半からどんどん下がる一方で、低金利時代から超低金利時代へと移ってきました。

図表6：新発10年国債利回り（10年間の推移）

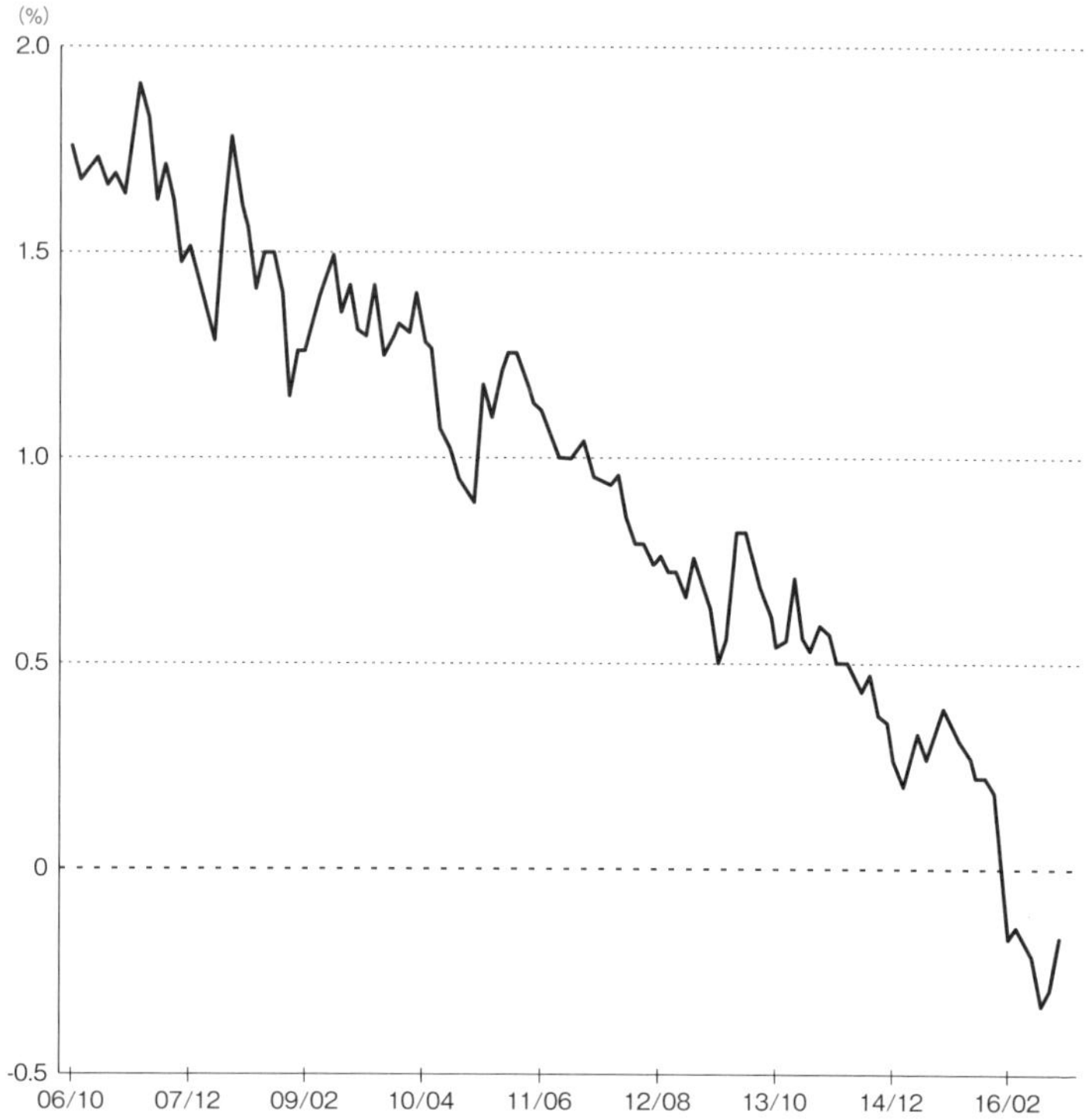

出所：内閣府

「失われた10年」「失われた20年」といいますが、日本はバブル崩壊の不良債権処理が遅々として進まず、景気もなかなか上向かず、デフレ（デフレーション＝不況下の物価下落）が進むところに、阪神・淡路大震災（1995年）、金融危機（97年）、リーマン・ショック（08年）、東日本大震災（11年）と大アクシデントが相次ぎました。同時に少子高齢化が着々と進んだことも無視できません。

この状況では、期待インフレ率や期待潜在成長率がパッとしないのは当然でしょう。しかもこの間、日銀は政策金利の水準を実質0％に誘導する「ゼロ金利政策」をしばしば採用しました（99年2月〜00年8月、01年3月〜06年7月、10年10月〜）。

具体的には、短期金融市場（コール市場）に資金を大量に供給して、「無担保コール翌日物」（金融機関同士が担保なしで超短期の資金調達・供給する取引）の金利をゼロに近づけます。狙いは、銀行の体力をつけ、銀行が企業に融資をしやすくして景気を刺激することでした。

この結果、金利はますます低くなりましたが、景気の刺激効果は思うように上がりません。そこで13年4月、日銀は「異次元の金融緩和」を打ち出したわけです。

グラフに載っていない時代の長期金利の水準も見ておきましょう。

内閣府「長期経済統計」で過去50年の長期金利（国債の流通利回り）の推移を見ると、

80年代半ばまでは7％前後。高くて8％台（73〜76年と80〜81年。79年は9・15％）、低くても6％程度でした。85〜91年は5％台（バブル経済ピークの90年が6・41％）で、92〜95年に3〜4％を行き来したあと、96年2・76％、97年1・91％と1％台が定着します。02年は0・9％でした（97年以前は東証上場国債10年物最長期利回りの末値、98年以降は新発10年国債流通利回りの末値。小数点3位以下切り捨て）。

読者はもうお気づきと思いますが、このような長期金利の推移は、GDP（国内総生産）成長率の推移と高い相関関係があり、だらだらと下降する歩みがよく似ています。一言でいえば、これこそが「成長から成熟へ」という変化なのです。

なお、長期金利は12年以降、再び1％を割り込んで下がりつづけ、16年2月にはついにマイナスとなりました。マイナス金利については、第2章で詳しく見ていきます。

金融機関が潰れても国は潰れない。国債はもっとも安全な債券

最後に、国債の安全性についてお話しして、この章を終わることにしましょう。

中高年の方は記憶に残っていると思いますが、日本では1997年に金融危機が起こって、三洋証券、北海道拓殖銀行、山一証券などが相次いで破綻しました。翌98年には日本

長期信用銀行、日本債券信用銀行が事実上破綻し、一時国有化・公的資金注入をへて救済されました（それぞれ現在の新生銀行とあおぞら銀行）。原因は、バブル崩壊で抱え込んだ不良債権をうまく処理できず、むしろごまかして膨張させてしまったことです。

そんな過去の例を見れば、大手金融機関でも破綻することがありうると思っていたほうがよいでしょう。

金融機関が破綻した場合でも、預金保険制度によって、1金融機関ごとに預金者一人あたり元本1000万円までの預金が保護されることになっています。逆にいえば、ある銀行に3000万円を預けている人は、万一その銀行が破綻したとき、2000万円を失ってしまう恐れがあります（三つの銀行に分けて預ければ問題ありません）。

これに対して国債は、国が元本や利子を支払いますから、仮に振替国債の口座（ペーパーレスの国債は口座記録で管理する）を開設している金融機関が破綻したとしても、必ず権利が保護されます。いくら以上は保護されないという限界もありません。

ですから国債は、金融機関がいくつか破綻するような金融危機があっても、利子や償還金を受け取れなくなることはありません。国が潰れる危険性は、銀行や会社が倒産する危険性より小さいので、国債は社債や金融債より安全な債券です。

万が一、財政危機などによって国が信認を失ったときでも、国が存在し続ける以上は、利子も償還金（額面金額）も必ず支払われると考えてよいでしょう。

もっとも政府が財政危機に見舞われたり、国家の破綻すらも懸念されるときは、金利が大幅に上がり、同時に国債の価格が大幅に下がります。

すると、国債が満期を迎えて償還金を受け取ることができても、これは額面金額ですから、価値が大幅に下がってしまうことがありえます。額面1000万円を受け取ったものの、ハイパーインフレの状況下では4人家族の1週間分の食費にしかならないというようなことが、未来永劫、絶対にないとはいえません。

敗戦後のハイパーインフレで、国債が「紙くず」になった実例

歴史を振り返って、いくつか実例を挙げましょう。

第一次世界大戦に負けたドイツは、連合国からあまりにも過大な賠償金支払いを要求され、やむを得ず巨額の貨幣発行をおこなったため、ハイパーインフレを招きました。大戦中に軍事費を調達するため戦時国債を盛んに発行し、インフレが進んでいたところ、戦後に空前のハイパーインフレが襲って、国債も紙幣も紙くずとなりました。

ドイツの通貨マルクは、もっともひどい1年間に、対ドルレートで7ケタ以上も下落し

たのです。パン1個が1兆マルクした、酒場の客は飲んでいるそばから価格が上がるため店に入ってすぐビールを何杯か注文した、などという話が残っています。

太平洋戦争に負けた日本では、政府が1946（昭和21）年2月に預金封鎖・新円切替に踏み切って通貨量を減らし、懸念されたハイパーインフレは起こりませんでした。

ただし、その後に復興金融金庫が巨額資金を石炭・鉄鋼産業などに集中的に融資（傾斜生産方式）した結果、「復金インフレ」が発生しました。この資金は、主に日本銀行が引き受けた復興金融債の発行で賄ったのです。45年10月～49年4月の3年6か月で、消費者物価指数は約100倍となり、戦前から戦中に盛んに発行された戦時国債は、やはり紙くず同然となりました。

主要国のハイパーインフレを見ると、革命直後のフランス、南北戦争直後のアメリカ、帝政崩壊後のロシア、第一次大戦後のドイツ・オーストリア・ハンガリーなど、いずれも戦争や革命がらみ。国そのものがむちゃくちゃになっているわけですから、国債の価値がどうなるなどと心配しても仕方がないケースといえそうです。

ほかには1988年のアルゼンチン、86～94年のブラジルのハイパーインフレがよく知られています。

95年に高インフレになったメキシコも含めて、これらの国は、経済の自由化で海外資金を大量に流入させて高成長していましたが、アメリカの高金利政策や政情不安などをきっかけに海外資金が流出。対外債務が膨張して通貨危機を招き、急激なインフレに至ったという道筋がだいたい共通しています。アルゼンチンは、その後も国債のデフォルトを起こしています。

しかし、各国とも固定相場制の放棄、新通貨の導入などによってインフレを克服しており、致命的な破綻には至っていません。

こうして見てくると、適切な経済運営さえしていれば、国家が経済的に破綻してしまうことなど、まず考えられないといえるのでしょう。

現在の日本でも、国債を出し過ぎているから暴落するかも、などと短絡して心配する必要はありません。

ただし、すでに申しあげたとおり、際限なく国債を発行し続けることはできません。財政危機に至らないまでも、それが心配される状況になれば、金利が上がり、国債の価格が下がって、家計や企業に悪影響をもたらしたり、政府のさまざまな支払いに支障をきたしたりする恐れが出てきます。その分水嶺がどこにあるかは第3章で議論しましょう。

第2章

日本国債、なぜこうなった？

初の国債発行から「異次元の金融緩和」まで

日本国債の歴史を振りかえる

私たちは、第1章で国債とは何かという基本を考え、10年もの国債の利回り（長期金利）がどんどん低下して超低金利時代に至るプロセスを見ました。

この第2章では、日本国債の歴史を改めて振りかえっていきたいと思います。図表7に小年表を掲げました。見どころを順に解説していきましょう。

第1のポイントは、日本初の国債発行です。1870（明治3）年、日本ではなくイギリスのロンドンで、ポンド建てで発行されたのは、当時の日本にカネがなく、国内でカネを集めることができなかったからです。

「九分利付」は利率9％で、かなり高い金利でした。当時のイギリス国債（コンソル公債）の金利は3％台。日本と同じように国内でなくロンドンで国債を発行したエジプト・ルーマニアが7％、アルゼンチン・ペルー・トルコが6％。

日本は、これらの国よりも信用されておらず、第1章でお話ししたリスクプレミアムが大きく乗せられていたのです。日本より高金利だったのは、10％のホンジュラスくらいしか見当たりません。

図表7：日本国債の小年表

1870（明治3）年	4月	ロンドンで鉄道敷設を目的とする九分利付外貨国債を発行
1871（明治4）年	6月	新貨条例、造幣規則（「円・銭・厘」の導入）
1878（明治11）年	5月	起業公債発行（初の一般公募国債）
1882（明治15）年	10月	日本銀行開業
1894（明治27）年	8月	軍事公債条例
1896（明治29）年	10月	帝国整理公債がロンドン市場に上場（日本国債の国際市場初上場）
1906（明治39）年	3月	国債ニ関スル法律
1923（大正12）年	9月	関東大震災
1924（大正13）年	2月	震災善後処理公債（国辱公債）発行
1932（昭和7）年	11月	日銀が長期国債引き受け開始
1941（昭和16）年	12月	太平洋戦争勃発
1942（昭和17）年	2月	大東亜戦争割引国庫債券発行
1945（昭和20）年	8月	敗戦
1946（昭和21）年	2月	新円切替え（金融緊急措置令、新円発行、旧紙幣の流通停止、預金封鎖）
1947（昭和22）年	3月	財政法（赤字国債の発行・国債の日銀引受を原則禁止）
1949（昭和24）年	4月	1ドル＝360円の単一為替レート
1956（昭和31）年	7月	経済白書で「もやは戦後ではない」
1964（昭和39）年	10月	東京オリンピック
1965（昭和40）年	5月	山一証券に日銀特融
1966（昭和41）年	1月	65年度の財源不足対策で「赤字国債」1972億円発行
	4月	66年度の財源不足対策で「建設国債」6656億円発行
1968（昭和43）年	5月	これ以降に60年償還ルールが確立
1971（昭和46）年	8月	米ニクソン大統領、ドル防衛・景気刺激のための経済緊急対策（ニクソン・ショック）
1973（昭和48）年	10月	OPEC6か国が原油価格21％引上げを決定（第1次石油ショック）
1982（昭和57）年	9月	政府、財政非常事態宣言
1985（昭和60）年	9月	プラザ合意
1986（昭和61）年	5月	日本が世界最大の債権国となったと大蔵省が閣議報告
1987（昭和62）年	10月	ブラック・マンデー
1989（平成元）年	4月	消費税が税率3％でスタート
	12月	東証平均株価が最高値3万8915円
1990（平成2）年	4月	特例国債の発行がゼロに
1991（平成3）年		バブル経済が崩壊へ
1993（平成5）年	4月	政府が過去最大規模の新総合経済対策（総額13・2兆円）を決定
1997（平成9）年	4月	消費税が5％に
	11月	三洋証券・北海道拓殖銀行・山一証券・徳陽シティ銀行などの破綻相次ぐ
2003（平成15）年	1月	国債ペーパレス化
2008（平成20）年	9月	リーマン・ショック
2010（平成22）年	1月	ギリシャの財政悪化が露呈、欧州債務危機（ソブリン危機）へ
2011（平成23）年	3月	東日本大震災
		日銀が追加緩和、資産買入れ基金を10兆円に（以後12年末までに100兆円規模へ）
	10月	12兆円超の第3次補正予算を閣議決定、11兆5500億円の復興債発行
2012（平成24）年	12月	第2次安倍晋三内閣発足、アベノミクスがスタート
2013（平成25）年	1月	日銀が2％の物価目標導入を決定
	4月	黒田東彦・日銀総裁が「異次元の金融緩和」を発表
2014（平成26）年	4月	消費税が8％に
2016（平成28）年	2月	マイナス金利がスタート

※岩波書店「近代日本総合年表」、財務省「戦後の国債管理政策の推移」、日銀サイトなどを参考に編集部が作成

しかも、発行総額100万ポンドを13年で償還するのに、日本全国の関税収入と、3〜5年以内に建設・完成すると約束した三つの鉄道路線から上がる純利益を担保に入れる、という条件をつけさせられました。

債券による借金は、土地を担保に住宅ローンを借りるのと違って担保なしが当たり前。いま国債を買っても、日本政府は「担保はこれ」と示したりしません。しかし、明治維新をへて国際社会に登場した日本は、なにしろつい2〜3年前までみんなちょんまげを結い、刀と鉄砲で内戦(戊辰《ぼしん》戦争)を戦っていた国です。まるで信用がなく、担保の差し入れを要求されたのです。

第2に、日清戦争が始まった1894(明治27)年の軍事公債条例が象徴するように、国債が戦費の調達に大きな役割を果たしてきたことも大きなポイントです。

日清戦争の戦費(臨時軍事費特別会計の支出)は約2億円で、平時の国家予算の2倍、開戦直前の銀行預金残高の1・2倍でした。臨時特別会計の収入は2億2523万円で、その52%にあたる1億1681万円が公債募集金でまかなわれています。

日露戦争の戦費は20億円規模と、日清戦争の10倍に膨張しました。このときは軍事公債を国内で7億円、イギリスで英ポンド建て国債を8億円以上発行して、戦費を調達しています。海外で引き受けたのは英米の金融機関が中心です。

ただし、日露戦争直後の1906年に「国債ニ関スル法律」が成立するまでは、国債ではなく「軍事公債」と呼んでいます。

関東大震災で出した復興国債で、日露戦争の軍事公債を償還

第3のポイントは、もっぱら戦費調達のために発行された国債ですが、大災害の復興のために発行された例もあったことです。

日本政府は、東日本大震災のとき「個人向け復興応援国債」を発行しましたから、まさに「歴史は繰り返す」ですね。もっとも復興応援国債は、いつも出している個人向け変動10年国債の一部をさらに低金利とし、下げた金利分を復興応援に回す代わりに記念金貨や財務大臣の感謝状をつける、というものでしたが。

「震災善後処理公債」は、1923（大正12）年9月1日に襲った関東大震災の翌年、復興のために発行されました。国内で約2億円、国外ではアメリカで約3億円、イギリスで2億4400万円が調達されています。

ところが、首都・東京市（当時は15区。おおよそ山手線内側に浅草・本所・深川を加えた地域で面積約80平方キロ）の44％近くが焼失する大被害を受けた日本は、足下を見られ

ました。6％の高金利が設定され、銀行の手数料を引くと手取り約4億6600万円しか受け取れなかったのです。だから「国辱公債」です。

しかも、日露戦争のとき出した軍事公債が満期を迎え、海外に借金を返さなければならなかったため、震災復興に使われたのは1億円たらずと、さんざんな状況でした。

復興の名目で出した国債による調達金の大半が、軍事公債の償還に使われたからには、震災善後処理公債は事実上、軍事公債の一種だったともいえるのでしょう。

海外募集では、ニューヨーク市場の募集高が初めてロンドン市場を超えました。ロンドンに代わってニューヨークが国際金融市場の主役に躍り出たことは、世界史的に見ても画期的な出来事でした。

ですから、関東大震災から間もない昭和初期の日本のリーダーたちは、「アメリカとは絶対に戦争できない」という見方で一致していました。

戦争はカネがなければできず、そのカネを貸してくれる最大のスポンサーはアメリカなのだから、スポンサー相手に戦争できるはずがない、という理屈です。

日本はその後、1932年の満州国建国、37年の盧溝橋事件以降の中国大陸進出（日中全面戦争）、40～41年の東南アジア進出（北部・南部仏印進駐）と、カネや資源を独自に手に入れる道を邁進していきます。

同時に「アメリカとの戦争はできない」という理屈が崩れていき、最終的に東南アジアの原油を入手する段取りをつけたところで、米英に対して宣戦布告したわけです。

高橋是清の積極財政で、赤字国債発行・日銀引き受けへ

第４のポイントは、32（昭和７）年11月に日本銀行が長期国債の引き受けを開始したことです。このころは、29年10月24日（ブラック・サーズデイ）に米ニューヨークのウォール街から始まった「世界大恐慌」が各国に大打撃を与えていた時期だったことを、思い起こしてください。

日本は30〜31（昭和５〜６）年に昭和恐慌が発生し、危機的な経済状況に陥りました。主な輸出品（明治〜昭和初期の貿易輸出に占める割合が70〜40％）だった生糸が大暴落して農村が壊滅的打撃を受け、鉄鋼や農産物価格も大暴落。続いて株式が大暴落し、倒産と失業が猛威をふるいました。いまとは比べものにならないエリートのはずの大卒・専門学校卒は、３分の１が就職できなかったのです。

そこで31年12月に誕生した犬養毅《いぬかいつよし》内閣の大蔵大臣・高橋是清《これきよ》は、一時的に復帰していた金本位制の停止（金輪出禁止）、従来の「緊縮財政」に代わる「積極財政」へと百八十度

舵を切りました。

軍備拡張、土木事業の拡大、32年6月の赤字国債（歳入補塡公債）発行、32年11月の長期国債の日銀引き受け開始などです。32年度予算の謳い文句は「時局匡救《きょうきゅう》の膨張予算」でした。匡救は「悪を正し危機を救う」という意味です。

この「高橋財政」は、日本の景気を見事に回復させました。世界史上初めてのケインズ的な財政政策――イギリスの経済学者ケインズが唱えた「政府が財政出動で公共事業を起こせば、有効需要が生まれ、投資が活発になって景気が上向き、失業が減る」ことを実現する政策――として、高く評価されるものです。

ケインズ政策として名高いのは、テネシー川流域開発公社などで公共事業を起こし、失業を減らして大不況から抜け出そうとしたアメリカの「ニューディール」（新規まき直し）政策で、33年にルーズベルト大統領が始めました。日本の高橋財政のほうが先で、しかもうまくいったのです。

このとき日銀は、32～35年に発行された国債32億円のうち9割近い27・5億円を、直接買い入れています。大半は市中銀行に売却されました。

「日銀による国債の直接引き受け」は、インフレを発生させた諸悪の根源のように見られがちですが、当時はひどいインフレには見舞われていません。インフレ率は高くても6

%台で、34～35年は2%台に収まっていました。

高橋財政で日本が昭和恐慌から立ち直ったのは事実ですから、「日銀による国債の直接引き受け」が、つねに必ずよくないとは断言できません。この日銀引き受けを、当時の最善の経済政策と見る論者もいます。

赤字国債が招くインフレは高橋是清蔵相も懸念していたことで、高橋は36（昭和11）年度予算で公債漸減・軍事費抑制という方針を打ち出しました。積極財政（インフレ政策）から緊縮財政へと方向転換を図ったのです。ところが、この年の2月、高橋是清は二・二六事件で暗殺されてしまいました。

二・二六事件の青年将校たちは、高橋財政が日本を世界恐慌の影響からいち早く脱出させたことを、どこまでわかっていたのでしょうか。襲撃リストに入れたとき、軍事費を減らそうとする大蔵大臣としか見ていなかったことは、間違いなさそうです。

国債が、戦費調達の「打ち出の小槌」と化していった

第5のポイントは、1941（昭和16）年12月8日に日本が太平洋戦争に突入して戦費が急増し、国債もどんどん膨張していって、やがて国家存亡の危機に至ったことです。

42年2月には「大東亜戦争割引国庫債券」の発行が始まりました。戦時に少額の利子を定期的に支払うのは面倒くさいので割引債です。

その4年半前の37年8月、盧溝橋事件をきっかけに北支事変（直後に支那事変と改称。いまは日華事変や日中戦争と呼ぶことが多い）が勃発すると、関係戦費は5億円と見積もられ、国債4億円ぶんの発行が決まりました。

うち1億円は民間金融機関が引き受けたものの、株式市場が暴落。国債公募がうまくいかないとわかって、近衛文磨内閣の賀屋興宣《かやおきのり》蔵相は「国債は当面、原則として日銀が引き受ける」という方針を発表しています。

このころから、国債は戦費調達の「打ち出の小槌」的な性格を強めていきました。日銀は国債を直接引き受けただけでなく、民間銀行の保有する国債を、求められれば無条件で（時価で必ず）買い取る方針を打ち出しています。いつでも現金に換えることができるので、民間銀行は喜んで国債を買いました。これは、二十一世紀の現在でも、日本はじめ世界各地でおこなわれていることですね。

郵便局では個人向け国債も売られました。43（昭和18）年6月には、なんと「国債の購入以外の理由では引き出しを認めない」という国債貯蓄制度がスタートし、隣組ごとに貯蓄額が割り当てられています。隣組は5～10世帯を1組として、行政方針の徹底、物資の

図表8：国債購入を呼びかける戦前・戦中のポスター

資料提供：太平洋戦争研究会

供出や配給、防空活動、住民の相互監視などを担わせた制度です。

国債を買わなくても、国民が郵便局で貯金すれば、国債を買ったのと同じことでした。郵便貯金は大蔵省預金部に集められ、日中戦争から敗戦までに新規発行国債の3割以上を引き受けたからです。

1944（昭和19）年度末に、日本がかかえた債務残高（国債に借入金と短期証券を加えたもの）は、1520億円に達しました。対GDP比率は204％、国内所得に対する比率は266％です。

長期国債の発行残高は1076億円ですから、国の借金の7割が国債でした。37年（昭和13）3月末の約100億円が、たった6年で10倍以上に膨張しています。

こうした債務残高の対GDP比率や、国の借金に占める国債の割合を見て、現在の日本の数字と似ていると思った読者が、いるかもしれません。

いまの日本は戦争などしていませんし、経済の基礎体力も当時とまるで違いますから、いたずらに危機感を抱く必要はありませんが、当時と現在の日本のどこが似ていて、どこが異なるか、それはなぜなのかと考えることは、おおいに意味があります。

戦争の見通しは大ハズレでも、戦後は同じ「枠組み」で成功

手元に「1943（昭和18）年版　日本国勢図会」という本があります。「日本国勢図会《ずえ》」は、1898（明治31）年に農商務省で保険業法を起草し、後に退官し第一生命保険相互会社をつくって社長や会長を務めた矢野恒太という人物が、1927（昭和2）年に出しはじめた統計集（統計年鑑）です。

日本国民が数字に親しまないことを嘆いた矢野は、生活の科学化や能率化という点から誰でも親しめる統計集が必要だと考え、その普及に尽力したといいます。

太平洋戦争の真っ最中に出た昭和18年版には「公債」というページがあり、統計と解説が載っています。解説には、結構まともなことが書いてあります。

「今事変以来、公債は甚だ多く偶発されていることは国民周知のところである。支那事変勃発前の我が国債返済高は100億を少しく超える程度のものであった。大東亜戦争の直前には、これが約360億円。しかるに17年10月にはついに500億円を突破することとなり、今後もこの戦争が続く限り、1カ年二百数十億円の国債増加は避けがたきことであろう。ただし国債がそのように増加しても、生産増強と国民貯蓄がこれに伴うならば、

財政事情及び経済事情、むやみにこれを危険視する必要はなく、要は生産と貯蓄を旺盛にして、この戦を勝ち抜くことにある」

戦費を調達するには、増税するか、国債を発行するしか道はありません。国民が耐えられないような増税はできないから、国債を大量に発行したわけです。国債が増加しても、同時に生産と貯蓄の増強があれば大丈夫だ、といっています。

「国債で財政を賄うことは、これを経済的に言えば、その決済を将来の負担に残すことであり、したがって将来に望みをかけうるならば、相当多額の国債を出して、決して危険なわけがなく、今後大東亜における莫大な資源開発と、これに伴う我が産業の大発展を予想するならば、今においてかなり巨額の国債を発行しても、不合理ではないことを、誰しも理解しうるであろう」

国債発行は借金を将来につけ回すことだが、将来に望みがあれば不合理ではない。その望みこそ、東アジアの資源開発と、それによる日本の産業大発展だ、というわけです。

現実には日本は戦争で疲弊し、本土空襲が始まると生産が停滞して、貯蓄どころではなくなりました。東アジアの資源を手に入れて大発展する望みも、完全に消え失せました。

ただし、戦争の見通しはまったく大ハズレでしたが、右の考え方の「枠組み」だけを見れば、間違いとは言えないでしょう。というのは、日本は戦後の高度成長を通じて「生産増強」と「国民貯蓄」に努め、資源を輸入し製品を輸出することで「産業の大発展」に成功し、世界第2位の経済大国になったからです。

つまり日本は、戦争中の国勢図会が書いたような「相当多額の国債を出して」も問題ない体制を、戦争によらず戦後の成長を通じて整えた、ともいえるのでしょう。

日銀による「国債の直接引き受け」は、なぜダメか？

ここで、戦争中、当たり前のようにおこなわれていた「日銀による国債引き受け」について、解説を加えておきます。

現在は、中央銀行が政府の発行する国債を「直接に」引き受けて政府に資金供与をすると、政府の財政規律を失わせ、ひいては中央銀行の通貨増発に歯止めがかからなくなり、悪性のインフレーションを引き起こすおそれがある、と考えられています。

昭和恐慌直後の高橋財政による日銀引き受けではインフレにならなかったものの、1937年夏の日中戦争以降は、たしかに歯止めがかからなくなりました。

そうなれば、通貨や経済運営に対する信頼が、国内的にも国際的にも失われてしまいかねません。そこで多くの国では、中央銀行による国債の直接引き受けを、制度として原則禁止しています。

日本にも「国債の市中消化の原則」と呼ばれるルールがあり、日本銀行による国債の直接引き受けを、原則として禁止しています。

これは、戦後の47年3月に成立した財政法の第5条に基づくものです。

「すべて、公債の発行については、日本銀行にこれを引き受けさせ、又、借入金の借入については、日本銀行からこれを借り入れてはならない。但し、特別の事由がある場合において、国会の議決を経た金額の範囲内では、この限りでない。」（財政法第5条）

なお、2013年4月の「異次元の金融緩和」以来、日銀は市中の国債を大量に買っていますす。改めて詳しく論じますが、これはいったん市中で消化された国債を買うことですから、国債の直接引き受けとは異なる話です。

両者をごっちゃにしないよう注意してください。

「借換債」は例外として、日銀の直接引き受けが認められている

財政法第5条のただし書きに「この限りでない」とあるように、実は日銀による国債の直接引き受けは、毎年おこなわれています。

日銀は、保有する国債のうち償還期限が来たものについて、国による借り換えに応じ、「借換債」（借換国債）を引き受けているのです。

まず、借換債とは何かですが、国は「国債整理基金特別会計」という一般会計とは異なる特別な勘定で、各年度または翌年度の国債の整理・償還（返済）のために、必要な金額まで借換債を発行できることになっています。翌年度のものの前倒し発行は、予算を立てて国会の議決をへた金額が限度とされています。

ここが面倒くさいところですが、ちょっと辛抱して付き合ってください。

たとえば、あなたが10年もの国債を買うと、国は利子を毎年2回ずつ払いつづけ、10年後に額面金額を支払います。すると国は、10年で利子を含めた借金全額を返し終わるように見えますが、これが違うのです。

国債には「60年償還ルール」というものがあって、国は国債の借金を60年かけて返せばよい決まりになっています。

たとえば、国が2016年度に600億円の10年固定利付国債を新規に発行したとします。すると満期となる10年後の2026年度に、購入者に600億円を返します。

このとき、500億円の借換債を発行して調達した500億円と、国債整理基金からの現金100億円（＝600億円×10年÷60年）を、購入者への償還金にあてるのです。

この借換債を10年国債で発行したとすれば、さらに10年後の2036年度に、400億円の借換債を発行すると同時に、また現金100億円を返済します。同じことを繰り返していき、60年後の2076年度に、ようやく現金600億円の完済が終了します。なんとも気の長い話ですが、返済額をならす（平準化する）ためにこうした手順を踏みます。

この間、新規に発行した国債は最初の600億円ぶんだけで、段階的に発行する借換債は「赤字国債」のような新たな借金ではないため、国会の議決も必要ありません。

ようするに日銀は、借換債について、特別会計の予算総則に記載され、国会の議決をへた金額の範囲内に限って、直接引き受けることができます。

具体的には、日銀が保有する満期を迎えた国債について、1年間に限って現金償還を延長し、現金の代わりに国が短期国債（借換債）を発行し、それを日銀が直接引き受けるというかたちをとっています。これは「日銀乗換」と呼ばれています。

「60年償還ルール」は、「建設国債」の発行が始まったとき、国債と見合う資産（たとえば公共事業を通じて政府が建設した建築物など）はおおよそ60年ほど持つものと考えられ、その期間内に現金償還が終わればよい、という考え方で決まりました。

ここまで「借換債」「赤字国債」「建設国債」と、国債の種類がいろいろ出てきましたから、図表9に解説しておきます。

図表9：日本国債の種類

●利払い・償還の方式による分類

- **固定利付債** ……… 決まった利子が半年に1回支払われ、満期時に額面金額が支払われる
- **変動利付債** ……… 市場金利によって毎回見直される利子が半年に1回支払われ、満期時に額面金額が支払われる
- **物価連動債** ……… 元本額が全国消費者物価指数に連動して増減する。利率は固定だが、元本額が増減することで増減する利子が半年に1回支払われ、満期時にそのときの元本額が支払われる。平成25年度以降の発行分には元本保証がついている
- **割引債** ……… 額面を下回る額で発行され、途中の利払いはなく、満期時に額面金額が支払われる

●発行目的・発行根拠による分類

- **普通国債**
  - **建設国債** ……… 国の資産を形成するものとして、公共事業費・出資金・貸付金の財源にあてるために、財政法第4条第1項ただし書きに基づいて発行
  - **赤字国債（特例国債）** ……… 歳入の不足を補うため、1年限りの特例公債法に基づきして発行
  - **借換債** ……… 各年度の国債の整理・償還のための借り換えに必要な資金を確保するため、特別会計に関する法律第46条・第47条に基づいて発行
  - **復興債** ……… 東日本大震災からの復興のために実施する施策に必要な財源を確保するため、復興財源確保法に基づいて発行
- **財政投融資特別会計国債（財投債）** ……… 財政融資資金の運用財源にあてるため、特別会計に関する法律第62条第1項に基づいて発行
- **繰延債** ……… 財政資金の支出に代えて国債を発行することによって、償還期日まで支出を繰り延べる目的で発行。交付国債、出資・拠出国債がある
- **融通債** ……… 国庫短期証券のうち、国庫の日々の資金繰りをまかなうための資金を調達する目的で発行される。かつての名称は政府短期証券

●償還期間（満期）による分類

- **超長期国債** ……… 15年（変動利付債）・20年（固定利付債）・30年（同）・40年（同）
- **長期国債** ……… 10年（固定利付債）・10年（個人向け変動利付債）・10年（物価連動債）
- **中期国債** ……… 2年（固定利付債）・3年（個人向け固定利付債）・5年（同）
- **国庫短期証券** ……… 2か月・3か月・6か月・1年（いずれも割引債）

注）発行根拠法によって、国債の商品性や信用力が変わることはない。また、ある国債銘柄が複数の発行根拠法に基づいて発行される場合もある。つまり、購入した個人向け国債が建設国債なのか、赤字国債なのかは、ふつうはわからない。

たとえば旧国立競技場（国立霞ヶ丘陸上競技場）は1958年3月に完成し、64年の東京オリンピックに合わせてスタンドを増築。2020年の東京オリンピック・パラリンピックに向けて新競技場に建て替えることになり、2015年に解体されました。57年持ったわけで、60年償還ルールの「60年」はだいたい合っています。

ただし、85年度以降に赤字国債を含む大量の国債が相次いで満期を迎え、償還日が特定の月日に集中する見込みになったとき、それまで全額を現金で償還することになっていた赤字国債でも、借換債を発行できることになりました。

赤字国債は、発行した国債に見合う資産がないので、60年償還ルールを適用するのはおかしい、まさに借金を将来につけまわすことではないか、という根強い批判があります。もっともな批判ですが、金額がふくらみすぎたいまとなっては、長い期間をかけて返済していくしかないでしょう。

本書の冒頭で、「2016年度に日本政府が発行する国債発行総額は、新規国債・復興債・財投債・借換債を合計して162兆2028億円である」と書いたことを思い出してください。

新規発行国債が毎年30～40兆円でも、いま説明した借換債などを含めると、毎年の国債発行総額は百数十億円にふくらみます。

16（平成28）年度の国債発行総額162・2兆円の内訳は、新規国債34・4兆円（建設国債6兆円と赤字国債28・4兆円）、復興債2・2兆円、財投債16・5兆円、借換債109・1兆円でした。09〜10年に152兆円弱だった国債発行総額は、11年に176兆円、12年に177・5兆円と増え、15年と16年は前年度より減っています。

借換債は「国債発行残高約838兆円」「国と地方の長期債務残高1062兆円」のなかに含まれていますが、財投債は含まれません。

財投特別会計は一般政府の外にあって、別勘定となっています。財投債残高はここ数年3〜4兆円ずつ減って、16年度は93・8兆円です。財投債を含めた国債発行残高は、16年度に931・6兆円となっています（数字はいずれも当初予算ベース）。

金融緊急措置令・戦時補償債務切り捨て・財産税などで国民に犠牲を強いた

ここで日本国債の歴史に戻り、戦後の歩みを振りかえることにします。改めて49ページの小年表を眺めていただくと、よいかもしれません。

戦後国債史の第1のポイントは、1945（昭和20）年8月15日に第二次世界大戦に負けた日本が、高インフレ懸念のなかで相変わらず国債を発行したうえ、国民に大きな犠牲を強いるインフレ抑制策・増税・国の債務棒引き策などを連発したことです。

戦争で荒廃し、経済活動が停滞した日本は、金融資産だけが異常に膨張していました。日銀「日本銀行百年史」第5巻は、こんな状況を伝えています。

45年8月末時点で、銀行その他金融機関の預貯金等残高は1954億円、日本銀行券の発行残高は423億円に達し、カネがあふれていました。

一方、国の借金は、国債発行残高が1175億円。戦時補償債務（軍需品の未払い金、徴用後に撃沈された船の補償金、疎開させた工場の経費など）が46年4月推計で1500億円以上。こうした貸し手の債権に公社債や株式の残高を加えると、金融資産が5000億円以上あったと推測されます。

日本の44年の国民総生産は推計745億円ですから、モノがないところにカネが膨張しすぎており、いつ急激なインフレが始まってもおかしくなかったわけです。

しかも、日本政府にはカネがなく、この先、戦争賠償金をいくら取られるかすらわからない状況でした。

それでも政府は、復員軍人への退職金や軍需産業への支払いなど、臨時軍事費を優先的に処理することを決め、資金を手当てするため国債を発行しました。

45年8～10月に160億円、46年3月に103億円の国債が発行され、日銀や大蔵省預金部が引き受けたほか、日銀が政府にカネを貸しています。

インフレ懸念が高じてくると、政府は46年2月、「金融緊急措置令」と「日本銀行券預入令」を発動。預金封鎖（引き出し制限）、流通する日銀券の強制的な預け入れ（紙幣を半月以内に金融機関に預けなければ使えなくなる）、さらに新円切り替え（預け入れた旧円は新円で支払うが、一人毎月いくらまでと制限）に踏み切りました。

46年秋には戦時補償債務の切り捨て（債務は支払うが、同額を税金で取ってチャラにしてしまう）や財産税（財産が10万円超～11万円までは25％、50万円超～100万円までは65％、1500万円超は90％など）によって国民の金融資産を吸い上げ、国の債務を減らしました。吸い上げたカネを国債の償還に回しています。

当時の政策は、もっぱらインフレ抑制のためと喧伝《けんでん》されましたが、ドサクサ紛れに国民に犠牲を強いて国の債務を圧縮した側面を否定できないでしょう。

財政法で日銀の国債引き受け禁止。例外の復興金融債で高インフレに

第2のポイントは、1947（昭和22）年3月の財政法によって、日銀による国債の直接引き受けや日銀の国への貸し付けが、原則として禁止されたことです。

これによって、日本で初めて「国債公募の原則」が確立され、今日に至るまで遵守《じゅんしゅ》されています。

財政法第5条は、46年1月に出たGHQ（連合国総司令部）メモ「政府借入および政府支出の削減に関する件」の示唆を、そのまま採用したものでした。

日銀は財政法を「昭和7年以降の本行（日銀のこと）引き受けによる国債発行の継続がやがてセントラル・バンキングの機能を死滅させ、戦中ならびに戦後の財政インフレーション進展の基本的メカニズムとなったことに対する厳しい反省が財政に関する基本法の規定として具現化したもの」（『日本銀行百年史』）と説明します。

中央銀行としての機能が「死滅」したとまでいうのです。戦時中の日銀がいかに無力で政府の言いなりだったか、想像できるでしょう。

政府は、できたばかりの財政法を一応は尊重し、47年度予算のうち一般会計（最終予算額2143億円）の収支を均衡させました。食糧管理、国鉄、通信といった赤字部門を特別会計（同4800億円）に出してしまい、一般会計は赤字が出ておらず、国債を日銀に引き受けさせてもいない、という格好を整えたわけです。

ところが、新設の復興金融公庫が47年2月から復興金融債を出しはじめ、49年3月までに残高1091億円にふくらんでいます。

復興金融公庫は100％政府出資の国営金融機関ですから、ここが債券を発行すれば事実上、国債を出すのと同じはずです。しかし、形式的に「国債ではない」ことにして、73％を日銀に直接引き受けさせました。47年2月～49年3月に日銀が増発した銀行券の4割近くが、復興金融債と引き替えに市中に出回ったのです。

すると当然、インフレを引き起こします。復興金融債は、いわゆる「傾斜生産方式」によって石炭・鉄鋼・電力産業などに集中的に融資され、経済再建の足がかりとなる一方で深刻な「復金インフレ」を生みだしました。

余談ですが、「復興金融債は国債ではない」式の抜け道は、昔からよくありました。たとえば国鉄は国有鉄道ですが、国鉄の出す鉄道債券は国債でも社債でもなく、関係法令が適用されず引受先の制限もないのです。だから管理が甘く、赤字拡大を助長してしまいます。旧国鉄債務は国債に形を変え、いまも発行残高838兆円のなかに残っています。

ドッジ・ラインによる超均衡予算。国債も復興金融債も出さない

復金インフレを強引に収束させたのは、1949（昭和24）年2月にGHQ金融政策顧問として来日したデトロイト銀行頭取のジョゼフ・ドッジでした。

ドッジは、緊縮財政や復興金融債の廃止による超均衡予算、日銀借入金の返済はじめ政府債務償還の優先、1ドル＝360円の単一為替レート設定、戦時統制の緩和、自由競争の促進などを柱とする財政金融引き締め策を立案し、日本政府に勧告しました。これがいわゆる「ドッジ・ライン」です。

すでに東西冷戦が激化しており、アメリカは日本経済を復興させ、日本を対共産圏の橋頭堡にすることを意図していました。

48年12月には、米統合参謀本部・国家顧問会議・国家安全保障会議が、アメリカの国家戦略として、日本に適用する「経済安定9原則」を決めています。

①総合予算の真の均衡、②徴税計画の促進強化、③信用膨張の制限、④賃金の安定、⑤物価統制の強化、⑥貿易統制の改善と外国為替管理の強化、⑦輸出増加のための資材割当て改善と配給制度の能率化、⑧重要国産品の増産、⑨食料集荷計画の能率向上改善という九つの原則です。

最初に「総合予算」を持ち出して、一般会計と特別会計を分けるようなごまかしはダメだ、と釘を刺していますが、これはワシントンで決まった対日占領政策なのです。日本で具体化することがドッジの役割で、実際、日本政府の49年度予算は、GHQが示したドッジ予算案をほとんど修正なしで受け入れた「超均衡予算」となりました。

「均衡予算」は、収入と支出が釣り合う予算のこと。「超」をつけると、税収などの収入が支出を上回る予定にして、余剰金で国債や借入金をできるだけ返す予算、という意味になります。もちろん国債も復興金融債も発行せず、復興金融公庫は廃止の方向でした。

結果、狙いどおりインフレは収まって、一転してデフレ（不況下の物価下落）が始まりました。これが「ドッジ不況」「安定不況」で、50年7月には東京証券取引所の平均株価（いまの日経平均株価）が85・25円の史上最安値を記録しています。

財政均衡主義によって国債が発行されなくなったこと。これが戦後国債史の第3のポイントです。

65年証券不況で、戦後初めて「赤字国債」を発行

1950（昭和25）年に朝鮮戦争が始まると、日本は「朝鮮特需」の好景気に沸きました。昭和30年代（55年以降）には高度成長が本格化し、56（昭和31）年の経済白書は「もはや戦後ではない」と書いています。

戦後国債史の第4のポイントは、東京オリンピックが開かれた64（昭和39）年の翌年に訪れました。このとき「赤字国債」（特例国債）が発行されたのです。

59年にオリンピック招致が決まると、日本は猛烈な勢いで社会資本（インフラ）整備を進めました。東海道新幹線、首都高速、名神高速、東京モノレール、環状7号線などの建設です。環7は羽田と駒沢競技場や戸田漕艇場などを結ぶ「オリンピック道路」で、東京都が道路建設で初めて〝伝家の宝刀〟の土地収用法を使ったことで知られています。

建物も急ピッチで建設しました。国立霞ヶ丘陸上競技場、国立代々木競技場（第1・第2体育館）、駒沢オリンピック公園総合運動場、日本武道館などです。

東京はじめ日本中で大工事をやりましたから、景気は当然よくなり、高い経済成長が続きました。それだけに、反動も大きくなります。

オリンピックが終わって過熱した経済が引き締めに向かうと、鉄鋼会社が倒産するなど企業業績の悪化が目立ちはじめました。「銀行よさようなら、証券よこんにちは」といわれて急成長した証券市場も低迷し、大手証券は軒並み赤字となります。

これが「証券不況」（40年不況）です。

65年5月には山一証券が経営危機に陥り、取り付け騒ぎが起こりました。そこで日銀は、山一証券に対して無制限・無担保で融資することを決め（日銀特融）、事態を沈静化させました。

5月28日夜、大蔵省・日銀・主力3行（興銀・三菱・富士）トップが集まって日銀特融を協議したとき、田中角栄蔵相が三菱銀行頭取を「手遅れになったらどうする！　それでもお前は頭取か」と怒鳴りつけたエピソードは、よく知られています。65年7月には、政府が赤字国債（特例国債）の発行を発表。翌66年1月に1972億円が発行されました。

金額は少なく、国の歳入に占める発行額の割合、つまり「国債依存度」も5・3％と低かったものの、これこそが現在の膨大な国債発行残高につながる〝はじめの一歩〟だったのです。

1年限りの赤字国債に代わって、建設国債が毎年出はじめた

財政法第4条には、こうあります。

「国の歳出は、公債又は借入金以外の歳入を以て、その財源としなければならない。但し、公共事業費、出資金及び貸付金の財源については、国会の議決を経た金額の範囲内で、公債を発行し又は借入金をなすことができる」

そもそも国債は借金と同じ扱いで、国の毎年の支出には使ってはいけないカネというのが筋だ、と国の財政を規定する基本法に書いてあるわけです。

建前はそうでも、例外あり。公共事業費・出資金・貸付金は、国会が認める条件付きで国債・借金から支出してもよい、というのが法律の趣旨です。

ところが赤字国債は、ただし書きの例外にも該当しませんから、発行する根拠がありません。そこで、赤字国債の発行を認める1年限りの特例公債法を成立させたうえで、65年度補正予算で発行しました。

翌1966（昭和41）年度には、赤字国債に続いて「建設国債」6656億円が発行されました。財政法第4条のただし書きに基づく建設国債は、「4条債」と呼ばれることがあります。このとき国債依存度は14・9％でした。

赤字国債と建設国債が相次いで発行された当時は、さすがに「禁断の木の実では？」「日中戦争に始まる苦い経験を忘れたのか？」という慎重論も聞かれました。

しかし、現実に好景気が続くなかで、国債を問題視する声は影を潜めていきます。66年だけの赤字国債に代わって登場した建設国債は、その後もずっと発行され続け、66年以来半世紀、発行されなかった年はありません。

好景気とは65年11月〜70年7月まで57か月続いた「いざなぎ景気」です。68（昭和43）年には、日本のGNP（国民総生産）が西ドイツを抜いて世界第2位に躍り出ています。

赤字国債が出た年から10年間、74年度までの国債依存度を見ると、ニクソン・ショック翌年の72年度が16・3％と高かったほかは、数％〜10％台前半に収まっています。せいぜい1割ちょっとなら問題なかろう、と思われたわけです。当時の国債は満期7年なので、73年には償還のための借換債発行も始まっています。

バブル時代の国債発行額は6〜7兆円。国債依存度も10％前後

国債依存度が一段と高まるのは、赤字国債が再び発行された75年度で、歳入の4分の1（25・3％）が国債でまかなわれました。

赤字国債は、その後もずっと発行され続け、今日までに発行されなかったのは、バブル経済の勢いが残っていた91〜93年度の3年間だけです。

76〜80年度の国債依存度は29・4％、32・9％、31・3％、34・7％、32・6％ですから、「国債依存度30％時代」が定着したかのようにも見えました。

背景にあったのは、第1次73年、第2次78年と相次いだオイル・ショックです。

ところが、再び好景気が訪れて、国債依存度は下がっていきます。ピークは82年度の29・7％で、87年度16・3％、89（平成元）年度10・1％と低下。90〜91年度は9・2％、9・5％と、2年連続で1割を切りました。

85年のプラザ合意（国際収支と財政収支の「双子の赤字」で不安定になった米ドルを、先進国が協調してドル安に誘導し、落ち着かせようとした合意）で、1ドル240円前後だった円の対ドルレートが、わずか1年で150円前後になると、日本は「円高不況」に見舞われました。

しかし、これを乗り切った80年代後半は景気がとてもよく、バブル経済が膨張していきます。「世界最大の債権大国」といわれたころで、税収も好調ですから、それほど国債を発行する必要がなかったのです。

バブル経済がピークに近づく89～91年度は、それぞれ6・6兆円、7・3兆円、6・7兆円しか発行していません。さきほど触れたように91～93年度は赤字国債を出さず、建設国債の発行だけで済みました。

好景気が続いたのは、86年（昭和61）年12月～91（平成3年）2月の51か月間です。もちろんあとからついた呼び名ですが、これが「バブル景気」でした。

この間、国債発行残高は83年度109・6兆円、94年度206・6兆円と積み上がっていきます。政府予算の3倍規模でも、危機感はまだありません。つい先日のように、年に数兆円ほど国債を出せば済むときが来れば、どうってことはないからです。二度とそんな時代が来ないとは、当時、誰一人思っていませんでした。

90年代後半から「国債大発行」時代。赤字国債は建設国債の2～4倍以上

バブル崩壊の影響が本格的に出てきた90年代半ばからは、国債発行が一段と増えはじめます。これを戦後国債史の第5のポイントと見てよいでしょう。

増えた理由は、もちろんバブル崩壊が招いた大不況です。

97～98年に起こった金融危機も理由の一つといえますが、金融危機はバブル崩壊で膨張した不良債権の処理に失敗した側面が大きいわけですから、一連のものと見てよいでしょう。もう一つ理由を挙げるとすれば、95年1月の阪神・淡路大震災です。

数字を見ると、95（平成7）年度には21・2兆円の国債が発行され、依存度24・2％と歳入の4分の1に近づきました。

98年度には34兆円の国債が発行され、依存度40・3％と初めて40％台に乗りました。内訳は建設国債17兆5000億円、赤字国債16兆9500億円で、ほぼ同額ずつです。

ここが、ある意味で分水嶺でした。

99年度以降は今日までずっと、建設国債より赤字国債のほうが多くなっています。年度によって幅がありますが、赤字国債は建設国債の2～4倍以上出ています。

ということは、90年代末以降の国債は、財政法第4条ただし書きの「公共事業費、出資金及び貸付金」から大きく逸脱し、主として公共事業のためでなく、もっぱら財政赤字を穴埋めするために発行されているわけです。

そうなる直前の97年4月に、消費税が3％から5％に引き上げられたことは、なんとも象徴的です。増税では到底ダメとわかって国債が増え出したことを、如実に物語っているからです。

日中戦争以降、国債は戦費調達の「打ち出の小槌」的な性格を強めていった、と申しあげました。90年代の金融危機以降、国債は財政赤字穴埋めの「打ち出の小槌」的な性格を強めていった、というべきでしょうか。

国債発行額30〜40兆円、国債依存度30％台後半〜40％は変わらず

国債依存度が40％以上になったのは、99年度42・1％、02年度41・8％、03年度42・9％、04年度41・8％で、金額は35兆円前後。少ないときでも30％台後半で、30兆円を超えていました。

歳入の4割を超える国債を出しまくり、不良債権の処理がようやく終わったこともあっ

て、小泉純一郎内閣の後半からは景気が上向きます。06年度は発行額27・4兆円（依存度33・7％）、07年度は25・3兆円（31％）と、やや状況が改善したのです。

ところが2008年8月、リーマン・ショックが世界を襲いました。アメリカ発で主要国の金融システムを揺るがした一大金融危機は、日本経済にも大打撃を与えました。09年度には51・9兆円の国債（建設国債15兆円と赤字国債36・9兆円）が発行され、国債依存度は51・5％にもなりました。

その後は、11年3・11の東日本大震災、震災が招いた福島第1原発事故もあって、毎年の国債発行額40兆円台、国債依存度40％台という時期が続きます。

とくに震災翌年の12（平成24）年度は発行額47・4兆円、依存度48・9％と、リーマン・ショック当時に近い国債大増発でした。

安倍晋三内閣が12年12月に発足し、「アベノミクス」が始まった13年度以降は、40・8兆円、38・4兆円、36・4兆円、34・4兆円と少しずつ減ってきましたが、国債依存度が40％～30％台後半という基調は変わりません。

国債発行残高もじわじわ増える一方で、99年度331・6兆円、02年度421兆円、05年度526・9兆円、10年度636・3兆円、12年度705兆円、15年度805・4兆円と増え続けました。だいたい3年で残高が100兆円増えてしまいます。

こうして日本国債の歴史を振りかえると、国債史が政府による「資金調達の歴史」であること、歴史の節目節目でさまざまな理由によって必要なカネがふくらみ、それが国債を膨張させてきたことが、おわかりいただけるでしょう。

日銀の「異次元の金融緩和」とは何だったか

２０１６年に入ると、新聞やテレビが伝える国債のニュースに、新しい話題が加わるようになりました。読者もお気づきでしょうが、たとえばこんな話です。

○２０１６年2月に、日銀はマイナス金利政策を発表した。これにともなって、国債の入札で、国債の利回りがマイナスになった。

○黒田東彦総裁が「異次元の金融緩和」を始めた13年4月以来、日銀が大量の国債を市場から買っている。毎月8〜12兆円という巨大な買い入れが続き、日銀の国債保有割合は国債発行残高全体の3分の1を超えている。日銀による国債買い入れには限界があるのでは、という声もささやかれ始めた。

「マイナス金利とは何だろう」「国債の利回りがマイナスになって、なぜ、それを買う人がいるのだろう」と思う人は少なからずいるはずで、これは当然の疑問です。

こんなことを考える人もいるでしょう。

「日銀は政府から独立しているとはいえ、大きく見れば国や政府の一部だろう。その日銀が国債を買い入れて、借金をする国が自分の借金証書を買うことにならないのか。タコが自分の足を食うようなことが起こっている気がしてならない」

すでに申しあげたとおり、日銀がやっているのは市中で消化された国債の購入で、国債の直接引き受けとは異なる話ですが、気持ちはわかります。

そこで、アベノミクス、異次元の金融緩和、最近のマイナス金利などについて解説し、国債が膨張に膨張を重ねた歴史の話を終わることにしましょう。

「アベノミクス」は、12年暮れの総選挙をへて誕生した安倍晋三内閣の経済政策です。選挙前から安倍さんは、「金融を緩和する」「需要をつくる」「経済を成長させる」という三つのことを盛んに強調していました。

そして選挙が終わった瞬間から、円相場が下がり株価が上がりはじめました。人びとの予想や期待が長期金利を動かす、と第1章でお話ししたのと同じようなことが起こったのです。

アベノミクスは、選挙前の安倍さんの言葉どおり、金融緩和、財政出動、成長戦略の三つからなっていました。いわゆる「3本の矢」です。

その第1の矢が、日銀の「異次元の金融緩和」です。元財務省財務官でアジア開発銀行総裁だった黒田東彦・日銀総裁は13年4月4日、「量的にも質的にも次元の異なる金融緩和をおこなう」と宣言して、次の政策を発表しました。

金融緩和の具体的な中身は、①消費者物価前年比上昇率2％の「物価安定の目標」を2年程度を念頭に早期実現、②年間60〜70兆円のマネタリーベース（通貨供給量）増加を目指す金融市場調節、③長期国債買い入れ拡大（年約50兆円に増加）と年限長期化（3年→7年に）、④ETF（株価指数連動型上場投資信託）やJ‐REIT（不動産投資信託）の買い入れ拡大などでした。

黒田総裁は「戦力の逐次投入はしない。現時点で必要な措置をすべて講じた」と強調しています。過去に小出しにしてきた金融緩和策とは違い、一気にドカンと徹底的にやるのだということで、金融緩和に「超」や「異次元の」という修飾語がついています。

この結果、為替レートは、12年11月の1ドル80円前後から1年後の100円近くまで、ほぼ20％近い円安ドル高になりました。日経平均株価は、12年11月の9000円前後から1年後の1万4000円以上まで、ほぼ60％の株高になりました。

異次元の金融緩和が、円安と株高につながった理由

アベノミクスの積極的な金融緩和が、円安と株高をもたらした理由はこうです。短期〜中期的な為替レートのトレンドは、市場に出回る通貨供給量（マネタリーベースといいます）に大きく左右されて決まっていきます。

ごく単純にいえば、「円の量が少なくドルの量が多い」と円高ドル安になり、「円の量が多くドルの量が少ない」と円安ドル高になります。

アメリカは08年のリーマン・ショック以降、金融の量的緩和政策を立て続けに実施しました。日本の日銀にあたるＦＲＢ（連邦準備制度理事会）が市中のマネー量を増やしたもので、時期によってＱＥ１、ＱＥ２、ＱＥ３（ＱＥ＝Quantitative Easing）と呼ばれています（詳しくは第４章１５３ページを参照）。

具体的にはＦＲＢは、ＭＢＳ（住宅ローン担保証券）や米国債などを市場で買って通貨を増やしました。これによって国内は穏やかなインフレに、国外はドル安にして、景気を上向かせ、失業を減らそうという狙いです。

為替レートはＦＲＢの狙いどおり、１ドル１００円前後から11〜12年に１ドル80円前後

という円高ドル安になりました。煽りを食って日本の輸出企業は苦しくなりました。

ならば、米ＦＲＢがドルの量を増やしたように、日銀が市場で何かを買って、市場に出回る円の量を増やせばよいはずです、買うものは長期国債や投資信託で、購入金額、つまり増やすマネー量は年に数十兆円だ、というのが日銀の異次元の金融緩和でした。

円安ドル高が進むと、たとえば日本の輸出企業がアメリカで売る日本車の価格は、アメリカ人にとって以前より安くなり、売れ行きがよくなります。

貿易はドル建てがふつうですから、海外で利益を得た日本企業は、ドルを円に換えるとき、より多くの円を受け取ります。

すると企業業績が上向き、株価も上がっていきます。

日本の株式市場は、とりわけ外国人（外国法人など）の占める割合が高く、東京証券取引所などの株式分布状況調査（16年6月発表）によれば、外国人の日本株保有比率（金額ベース）は15年度末に29・8％。14年度は31・7％となっています。

日本株式の３割を持っている海外勢は、売買も活発で、売買代金に占める外国人シェアは60％以上に達します。その外国人は、ドルで日本株を買いますから、円安ドル高になると日本株は以前より割安になります。そこで外国人は、どんどん日本株を買い増します。これが株高につながったわけです。

2％の物価目標を実現できず、株価が下がり円は上がりはじめた

最初のころ、アベノミクスは、とてもうまくいきました。ある本で私は「通信簿ならば5をつけてよいのでは」と書いたほどです。

ところが、2014（平成26）年4月、消費税を5％から8％に引き上げたことが、日本経済を思いのほか足踏みさせました。3月いっぱいの駆け込み需要が終わると個人消費は低迷し、株価も1万4000円台まで下がりました。

対して日銀は14年10月、通貨供給量を年80兆円に拡大する追加金融緩和を発表し、テコ入れします。いきなりのサプライズ発表で、円レートは1ドル102円前後から一気に120円に近づき、15年春には株価も2万円に達して、なんとか円安株高になりました。

しかし、15年に入ると、異次元の金融緩和政策が第1の目標に掲げた「消費者物価前年比上昇率2％の『物価安定の目標』を2年程度を念頭に早期実現」が、予定していた15年春には到底実現できないことが、はっきりします。

原油価格の低迷や、中国をはじめとする新興国の経済減速などで、輸入価格が下がる一方、輸出もパッとしないため、物価が思うように上がらないのです。

しかも、15年秋ころから株価が下がりはじめ、同じような調子で円相場も円高ドル安に向かいました。狙いとは逆の円高株安です。

そこで16年1月末に日銀が発表したのが、マイナス金利政策でした。

民間銀行が日銀におく超過準備の利子をマイナス0・1%にする

民間銀行は、日本銀行の当座預金に、自行の保有する預金の一定割合以上の金額を預け入れなければならない、とされています（準備預金制度）。そして民間銀行は、法定額を超過した部分（超過準備）については、利子を受け取っていたのです。

ところが、日銀は16年2月16日から、この超過準備（4月以降で最大30兆円程度）に対してマイナスの利子をつけることにしました。預けたカネに▲0・1%の利子がつくということは、預けたカネの0・1%を取られてしまうことです。

このマイナス金利政策は、民間銀行が日銀に預けるカネの一部に限った話です。人びとが銀行に預金しているおカネにマイナスの利子がつき、金額が減ってしまうわけではありません。

ヨーロッパでは、以前からマイナス金利がおこなわれています。たとえば、ユーロ圏17

図表10：新発10年国債利回り（直近1年間の推移）

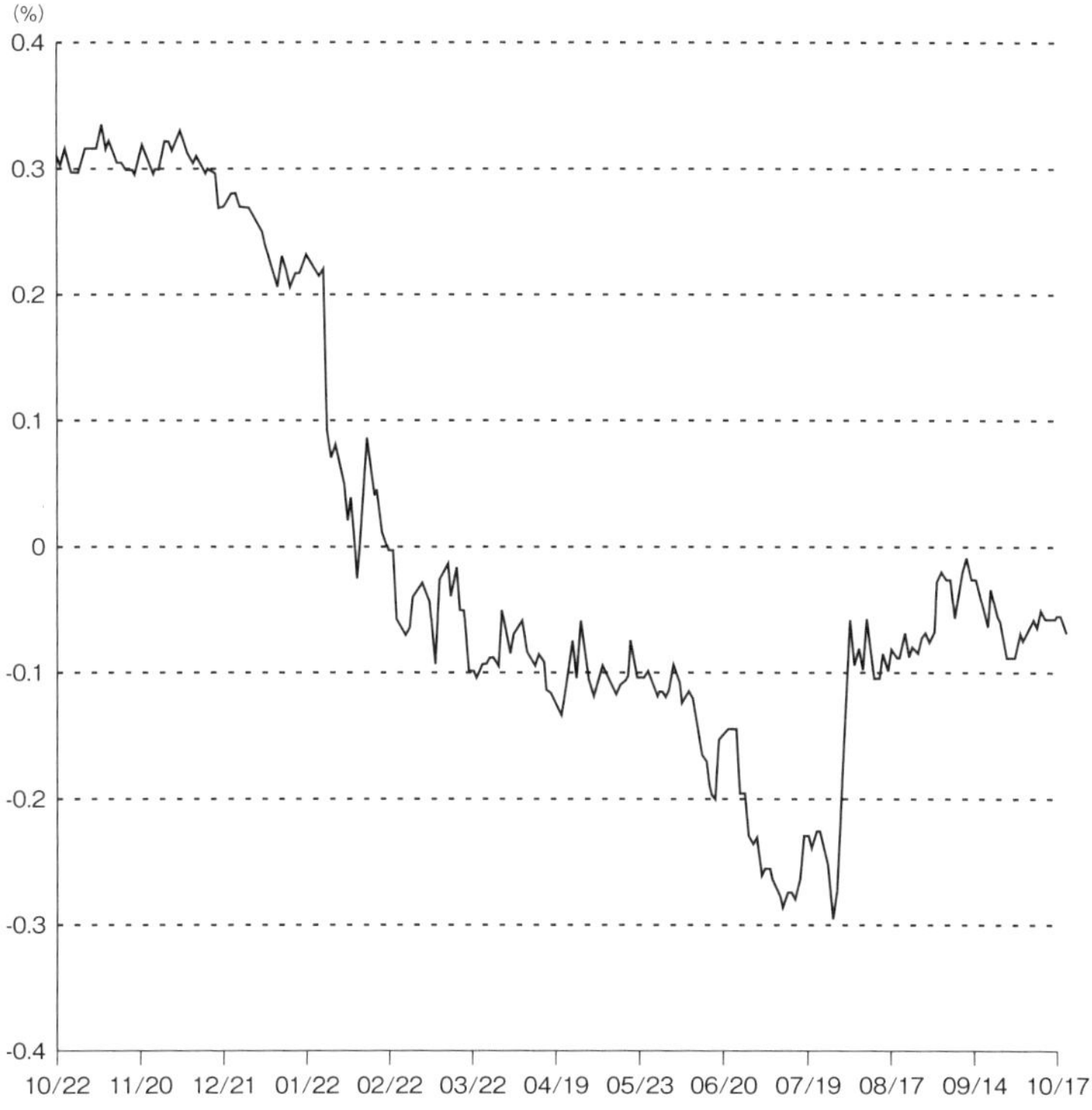

出所：内閣府

か国の中央銀行である欧州中央銀行（ＥＣＢ）は16年3月、域内の金融機関がＥＣＢに預け入れる余剰資金の金利について、マイナス幅を拡大して▲０・４％にしました。

ＥＣＢは、域内各国の国債などを買い入れる量的金融緩和も実施しており、同じとき毎月の買い入れ額を２００億ユーロ増やして、８００億ユーロにしました。

先進国では、どこの中央銀行を見ても、２％程度のインフレ目標、国債買い入れ、マイナス金利など、同じようなことをやって経済を上向かせようとしているわけです。

金融機関が日銀に預けるカネの一部がマイナス金利になると、なぜ国債の金利までマイナスになるのでしょう。これは説明が必要でしょう。

16年3月1日に財務省が売り出した10年もの国債は、額面金額１００円で利率０・１％でした。第1章でお話ししたように、これを金融機関が入札で買います。

この国債は、満期まで持ったとき元本１００円と利息10年分の１０１円を入手できるのですから、ふつうは１０１円以下でしか買いません。

しかし、一定の割合を必ず落札しなければならない「国債市場特別参加者」をはじめとする金融機関は、少しでも儲かる余地があると見れば、マイナス金利（利回りがマイナス＝価格は額面よりプラス）でも落札します。

たとえば１０１・25円で買えば、10年で25銭を損します。年利回りでは▲０・０２４％

の損で、つまりマイナス利回り（マイナス金利）です。ところが、落札した金融機関は、日銀が市場からどんどん国債を買い入れている状況を見て、落札価格より好条件で日銀に売って利益を出せる、と踏んでいるのです。

日銀がはじめたマイナス金利政策の狙いと効果は？

さて、日銀がマイナス金利で狙ったのは、どんなことでしょうか？

一言でいえば、民間銀行が日銀に資金を置いておくと損になる仕組みを導入し、銀行の資金を吐き出させるということです。すると、銀行の貸し出しが増え、世の中で投資や消費も増えて、経済がよくなる可能性があります。ようするに金融を拡大して、経済を刺激することが狙いです。

しかし、マイナス金利の効果は、はっきりせず、あまり効いていないようです。16年7月末の都市銀行の貸出残高は3年9か月ぶりに減少し、企業の資金需要が広がっていないことを示しました。設備投資もとくには増えていません。マイナス金利によって物価がじわじわ上昇しはじめたという兆候も見えません。

黒田日銀総裁は、効果を生じるには時間がかかるといいます。

そうかもしれませんが、日銀のマイナス金利がどんな意味を持つか、いま一つつかめないというのが、私の正直な感想です。

国債のマイナス利回りもそうですが、日銀のマイナス金利政策で、世の中の金利全般が下がることは間違いありません。

実際、住宅ローンの金利は下がりましたから、ローンを借り換えて負担を減らした人もいます。ただし、下がる前の金利がかなり低い水準なので、金利の引き下げで浮いたぶん消費が目に見えて増える、というような話にはなりません。

それに、住宅ローンをかかえた人が楽になるのはよいですが、日本の景気が拡大するのかという観点からは、住宅投資が増えなければ意味がありません。金利の下げ幅は、家を建てるか借家に住むか迷う人に住宅ローンを組む決断をさせるほど大きくはなく、住宅投資は増えていないのです。

マイナス金利政策の影響で、預金金利も玉突き的に下がり、たとえば0・02％だったある銀行の普通預金金利は0・001％になりました。100万円を1年預けたときにつく利子が、200円から10円になった計算です。「何事だ！」と怒る人もいるかもしれませんが、多くの人はもともと普通預金の金利に期待などしていないでしょう。

コンビニATMで提携銀行の預金を引き出すときの手数料が平日昼間で108円、それ以外の時間で２１６円でも、若者は気にせず、都合のよい時間に利用しています。３万円引き出すのに２１６円取られるのは、０・72％のマイナス金利がつくようなものといえないことはありませんが、みんななんとなく受け入れています。

マイナス金利が始まって得する場合も、損する場合も、まあ誤差の範囲。だからこそ、マイナス金利の効果がはっきりしないのでしょう。

マイナス金利は銀行収益を圧迫。反発する銀行も

マイナス金利ではっきりしている副作用、デメリットは、民間銀行の収益性が損なわれることです。

国際通貨基金（ＩＭＦ）は16年10月に発表した「国際金融安定性報告書」で、経済不振や低金利によって日本の銀行の収益力が低下していることに懸念を示し、日銀のマイナス金利についても「長期化すれば金融の健全性を損ないかねない」と警告しています。

財界から聞こえてくるマイナス金利の評判も、よいとはいえません。

日本商工会議所の三村明夫会頭は、定例会見で「現時点ではマイナス金利のマイナス面は出ているが、プラス面に作用しているところはほとんど見当たらない」（16年４月）、「マ

イナス金利の深掘り（拡大）は効果がないのでは。むしろマイナス面のほうが大きいと思う」（16年9月）と、消極的なコメントを繰り返しています。

16年6月には、三菱東京ＵＦＪ銀行が「国債市場特別参加者」の資格返上を申し出たと報じられました。22ページのリストに名前がないでしょう。

同行は、特別参加者制度ができるとき「証券会社だけでなく銀行も入れるべき」と熱心に働きかけ、実際３メガ銀行（三井住友・三菱東京ＵＦＪ・みずほの巨大３行）のなかでは国債保有額がもっとも大きいとされています。

それが特別参加者から降りたのは、銀行の収益を圧迫するマイナス金利政策への反発と取り沙汰され、「日本国債の消化を支えてきた財務省・日銀・銀行の『鉄のトライアングル』にほころび」と書いた新聞もありました。

ただし、黒田日銀総裁は、民間銀行のささやかな抵抗くらいでは、方針を変えることはないでしょう。

黒田東彦さんは、大蔵省で私の2年後輩で、審議官・国際金融局長・財務官は、いずれも私の後任でした。だからよく知っていますが、たいへん意志が強い人で、カーブでなく直球を投げるタイプ。行くといったら必ず行く人で、いったん掲げた旗をすぐ降ろすことはしない人ですね。

日銀が16年9月に打ち出した金融政策とは

もっとも、2%の物価目標が達成できていないことはたしかですから、日銀は、16年9月下旬に政策会合で金融政策の「総括的な検証」をおこないました。

その直前、黒田総裁はある講演で、13年4月から3年半続く「異次元の金融緩和」の成果を、こう要約しています。

第1に、企業部門では、中小企業を含めて企業収益が大幅に改善し、売上高との対比で見た利益率は、2015年度に史上最高水準に達した、といいます。

第2に、家計部門では、雇用・所得環境が大幅に改善し、雇用者数も着実に増加して、直近の失業率3%は、ほぼ「完全雇用」の状態、としています。

第3に、物価の基調も明確に改善している、と振り返っています。

量的・質的金融緩和の導入前に▲0・5〜▲1・0%程度だった消費者物価の前年比は、2013年秋にプラスに転じ、その後2年10か月連続プラスで推移している。これは90年代後半に日本経済がデフレに陥って以来初めてのことで、日本経済は「物価が持続的に下落する」という意味でのデフレではなくなっている、というのです。

それでも2％の物価目標を実現できない理由として、黒田さんは、①14年夏以降の原油価格の大幅下落、②14年4月の消費税率引き上げ後の個人消費を中心とする需要の弱さ、③15年夏以降の新興国経済の減速や国際金融市場の不安定な動き、を挙げています。

こうした検証をへて日銀が打ち出した次の金融政策は、「長短金利操作付き量的・質的金融緩和」でした。

煩雑な説明は省きますが、これは、長期金利（10年もの国債の金利）0％程度を維持するように（金利を誘導しつつ）国債を買い入れ、同時に物価上昇率が安定的に2％を超えるまでマネタリーベース（通貨供給量）拡大を続けるということです。マイナス金利や、ETFとREITの買い入れ額は現状維持です。

つまり、市中に増やすカネの「量」から「金利」に目標を移しつつ、国債買い入れなどを続けて物価上昇率2％を目指します。2％の達成期限は、明示されていません。

この結果は、どうなるでしょう。こうした金融緩和政策の「出口」は、いったいどこにあるのでしょうか。

これについては、第3章で、日本国債が今後どうなるかをお話しするなかで、考えていきましょう。

第3章

日本国債、これからどうなる？

アベノミクスの先に待つ、越えられない「壁」

「世界最悪」の先に限界は？　危機的な事態は起こりうるのか？

日本の国債――日本国の借金は、膨張につぐ膨張の歴史をへて、どの時代のどの国にも例がないほど積み上がりました。書店に並ぶ本のタイトルやウェブサイトのキーワードは「国債暴落」「財政破綻」「日本崩壊」という物騒な言葉であふれています。

国債は、今後どうなるのでしょう。少なからぬ本やサイトが主張するような危機的な状況が、本当に現実となる日はくるのでしょうか？

そこで第3章では、次のような問題を考えていきます。

○国債には、ここまでは積み上げられるが、ここから先はダメという限界があるか？
○限界や壁があるなら、日本は、どの時点で壁に突き当たるのか？
○そのとき起こる大混乱を回避するために、どうすればよいのか？
○黒田日銀が続ける金融緩和は、いつ、どんな「出口」に至るのだろうか？

図表11をご覧ください。日本の借金を先進諸国と比べた二つのグラフです。

図表11：債務残高及び純債務残高の国際比較（対GDP比）

債務残高の対GDP比を見ると、1990年代後半に財政の健全化を着実に進めた主要先進国と比較して、我が国は急速に悪化しており、最悪の水準となっています。

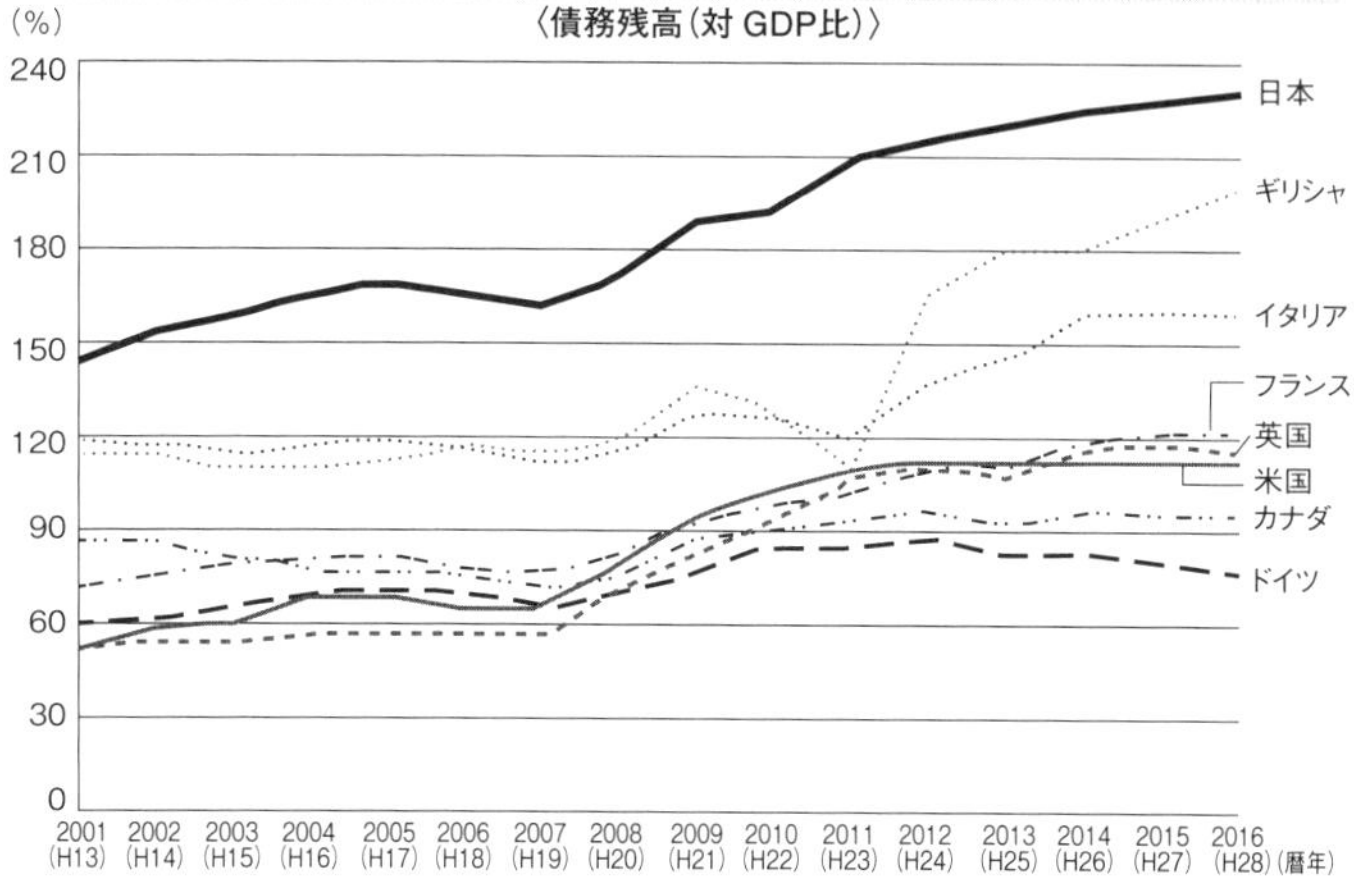

純債務残高とは、政府の総債務残高から政府が保有する金融資産（国民の保険料からなる年金積立金等）を差し引いたものです。我が国は、純債務残高で見ても、主要先進国で最悪の水準です。

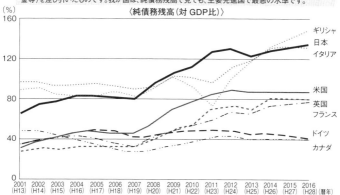

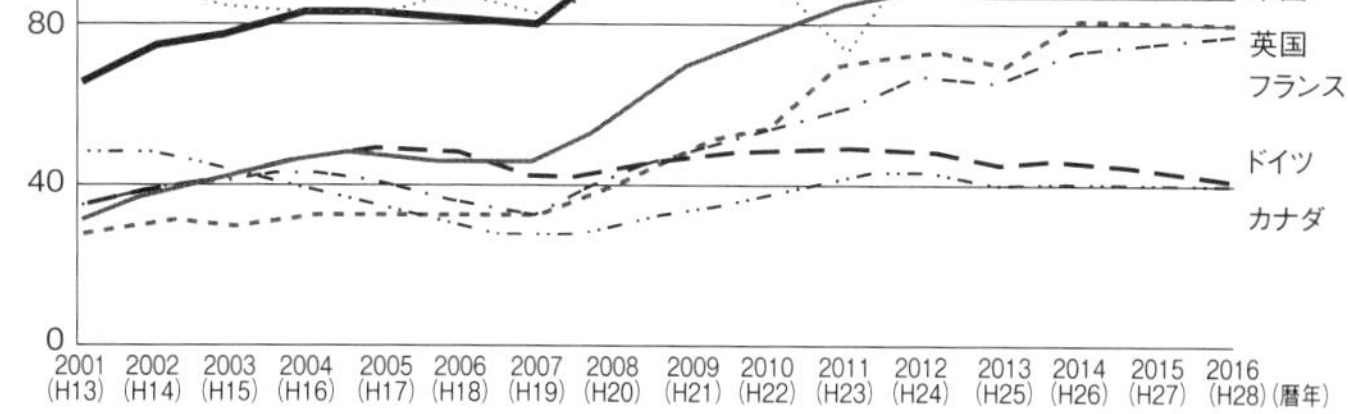

（出典）OECD "Economic Outlook 98"による2015年11月時点のデータを用いており、2016年度予算の内容を反映しているものではない。
（注）数値は一般政府(中央政府、地方政府、社会保障基金を合わせたもの)ベース。

出所：財務省

債務残高は、政府が負っている債務（借金）の全体です。債務残高が、ＧＤＰの２・４倍にふくれあがった日本は世界最悪だ、と示すのが上のグラフです。

純債務残高は、一般政府（国の一般会計と特別会計を合計した「中央政府」、地方公共団体の普通会計と公営企業会計を合計した「地方政府」、国と地方の「社会保障基金」の三つを総合して、一つのセクターと見たもの）の債務残高から、年金積立金や外貨準備高などの金融資産を引いた額です。

貯金がまったくない人と貯金がたくさんある人を、借金の額だけで比べても、どちらがひどい状況かわかりません。借金から貯金を引いて比べる必要があるでしょう。

それと同じ考え方で、資産を差し引いた純債務残高によって各国を比較したのが下のグラフです。

日本の年金積立金や外貨準備高は、先進諸国のなかでズバ抜けて大きいので、そのぶん借金が減ります。上のグラフでは米英仏の2倍ですが、下のグラフでは1・7倍くらいになるのです。

それでもやっぱり、世界最悪レベルには違いありませんが。

90年代後半に始まった国債大量発行時代――政府が毎年30～40兆円の国債を出し、歳入の30～40％をまかなう時代を続ける日本の、これが現在の状況です。

「借金そのもの」が悪いわけではない。「必要悪」は言いすぎ

現状を見て、日本政府は野放図な赤字経営を続けるとんでもない政府だ、と批判するのは簡単です。

しかし、それは無責任でしょう。

たとえば日本人は、健康な人も病気がちな人も同じように保険の掛け金を積み立て、病院の窓口では、実際にかかった医療費の1割や3割しか払いません。その仕組みと、政府が国債を増発しつづける現状には、密接な関係があります。制度の恩恵を受けながら、政府だけを批判しても、説得力に欠けます。

繰り返し触れたように、いま足りないカネを借金してあとで返す国債は、将来へのつけ回しですから、できればあまりやらないほうがよいことです。

財政法4条の立場がそうですし、高度成長期のように国債を発行しなかった時代も、バブル絶頂期のように数兆円の国債を発行しただけで済ませた時代もありました。

しかし、不況が長引いたり、突発的なアクシデントに見舞われたり、特定の経費がじわじわふくらんだりして、国のカネが足りなくなれば、仕方なく国債を発行します。

そのこと自体を「悪い」とはいえない、と私は思います。「必要悪」と断じるのも言いすぎです。

個人について考えてみてください。借金は、どちらかといえばイメージのよいものではありません。しかし、住宅ローンはダメなのかといえば、全然そんなことはありません。住宅ローンを「必要悪」という人はいないでしょう。

住宅ローンという借金は、人びとが家族で暮らす家を建てるコストが収入に比べて過大（ふつうは年収の数〜10倍といった額）なので、銀行などから購入資金を借り、無理のないよう少しずつ返済する仕組みです。生活を向上させるためのよい知恵であり、うまい仕組みであって、決して悪いことではありません。

企業が設備投資をするために借金をして、より収益の上がる優れた製品を世に出そうとするのも、全然悪いことではありません。

国債も同じで、借金それ自体は悪いことでも何でもありません。借金で手にしたカネを悪いことに使ったとか、ムダ遣いしすぎて破産したとなって、初めて「悪い」というのです。調達の方法そのものが悪いわけではないでしょう。

収入を増やす方法は、「税金で取る」か「国債で取る」かの二者択一

国のカネが足りなくなったとき、そもそもできることは、「収入を増やす」か「支出を削るか」の二つに一つです。

「入るを量りて出ずるを為す」といいます。中国・前漢時代に成立した「礼記《らいき》」王制篇に出てくる言葉で、もとの文は「国の予算は30年通しで（30年平均で見て）収入を計算して支出せよ」というのです。2000年以上前から、国の予算は収入・支出のどちらかをいじるしかない、とわかっています。

そして、支出を簡単に削ることができるなら、いつの時代のどの政府も、収入を増やす前にやるに決まっています。

ムダを省き、不要不急の出費を取りやめるのも、支出を削る方法ですが、それで削れる額は高がしれています。日本は自民党政治が長く続きましたが、民主党（現・民進党）も政権を担当しましたし、社会党党首が首相になったこともあります。それでも国の支出を大きく削れなかったことは明らかです。

支出を削るのが難しければ、あとは収入を増やすしかありません。

そして、収入を増やす方法は、「税金で取る」か「国債で取るか」の二つに一つしかないのです。

国債を発行しないと決めれば、不足ぶんは税金で取るしかありません。税金を上げないと決めれば、国債を発行して借金をするしかありません。

ようするに、国債はよいか悪いかという「是非」が問題なのではありません。問われている問題は、税金で取るか国債で取るかという「選択」です。

政府がいま不足しているカネ、つまり年間30～40兆円といった金額を税金で取ろうとすると、当たり前ですが、税率がぐんと上がります。

消費税が5％になった1997（平成9）年度から10年間、2006年度までの消費税収入を見ると、10兆円前後（9・3～10・6兆円）で安定しています。日本では「消費税率1％について、約2兆円の税収が見込める」と思ってよいでしょう。

そこで、新たに毎年20兆円を消費税で取ることにすれば、税率を10％上げる必要があります。消費税18％にするわけですが、それでも、いま国債の発行で調達している30～40兆円には、10～20兆円ほど足りません。

消費税を8％から10％へと、たった2％上げるだけでも、日本政府は2度も先延ばしにしました。もともと予定していた15（平成27年）10月が、17年4月になり、さらに19（平成31年）10月に、都合4年も延期したのです。

さらに税率を10％上げることがどれほど難しいか、おわかりでしょう。ならば、国が必要なカネを調達する国債という借金は、増税によって国民に過酷な負担を強いるよりは、むしろよい方法だともいえるのでしょう。そう考えて、日本は国債を増やしてきたのです。

高齢化による社会保障コストの増大が、国債の大発行時代を招いた

歴史が示すように、日本の国債は、国家建設の公共事業費（鉄道敷設）の調達に始まって、度重なる戦争や震災復興でふくらみ、戦後は公共事業でふくらみました。バブル崩壊後に毎年打ち出された「特別経済対策」は、毎年やるのに〝特別〟というのも妙でしたが、国債による公共事業の典型です。

ところが、90年代末以降に国債が増えていった最大の要因は、高齢化の進行による社会保障関係費の増加です。現在は完全にそうなっています。

高齢化は、会社を定年退職するなどして生産活動から離れ、主として年金で生活し、だんだん病気がちになって医療費のかさむ人びとが増えることを意味します。だから、どう

しても歳入が減り、歳出が増えます。これを避けることはできません。

107ページの図表12を見てください。上の円グラフは、日本政府がどんなことにおカネを使っているかを示しています。

歳出の4分の1が国債費、歳入の3分の1が公債金です。支出・収入どちらを見ても、国債が国の財政から機動力を奪って、身動きをとれなくしていることがわかります。いわゆる「財政の硬直化」です。

現在の支出総額は100兆円近く、社会保障費3分の1、国債費4分の1、地方交付税交付金15％、政府運営費と公共事業が残り4分の1というところです。

ひと昔まえは総額80兆円で、社会保障費・国債費・地方交付税交付金・その他で4分の1（約20兆円）ずつといわれていました。地方に回す割合が減ったぶん、社会保障の割合が増えたことになります。

半世紀前の1960年代、日本で社会保障といえば、もっぱら失業対策や生活保護を指していました。「国民皆保険」「国民皆年金」が叫ばれはじめたのは50年代半ばです。

当時は国民の3分の1にあたる約3000万人が健康保険に未加入でした。恩給暮らしの旧軍人や役人OBはいても、年金暮らしのサラリーマンは少なく、高齢者は同居する家族が面倒を見るものだったのです。

図表12：政府はどう支出し、どう収入を得ているか？

平成28年度一般会計予算

(1) 歳出内訳

国の一般会計歳出では、社会保障関係費や国債費が年々増加している一方、その他の政策的な経 費（公共事業、教育、防衛等）の割合が年々縮小しています。
国債の元利払いに充てられる費用（国債費）と社会保障関係費と地方交付税交付金等で歳出全体の7割以上を占めています。

予算（平成28年度）（単位：億円）

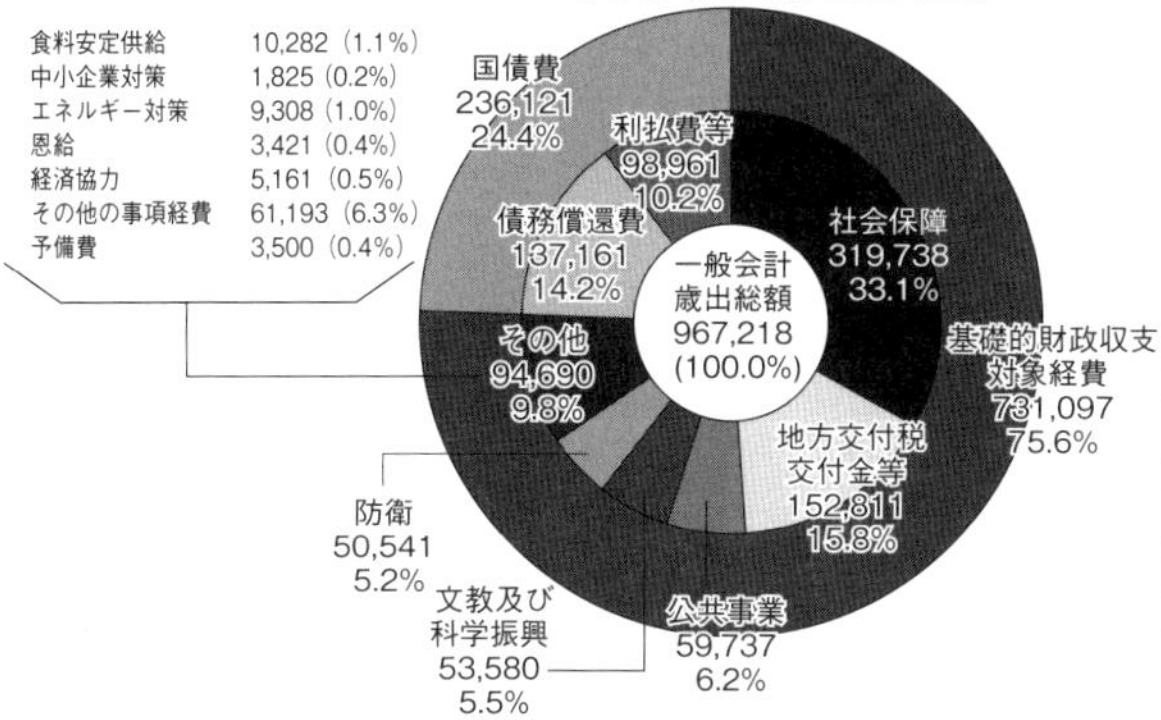

※「基礎的財政収支対象経費」とは、歳出 のうち国債費を除いた経費のこと。当年度の政策的経費を表す指標。

※「一般歳出」（=「基礎的財政収支対象経 費」から「地方交付税交付金等」を除いたもの）は、578,286（59.8%）。うち社会保 障関係費は約55%。

(2) 歳入内訳

平成28年度一般会計予算における歳入のうち税収は約58兆円を見込んでいます。本来、その年の歳 出はその年の税収や税外収入で賄うべきですが、平成28年度予算では歳出全体の3分の2程度しか 賄えていません。この結果、残りの3分の1程度を公債金すなわち借金に依存しており、これは将来世 代の負担となります。

予算（平成28年度）（単位：億円）

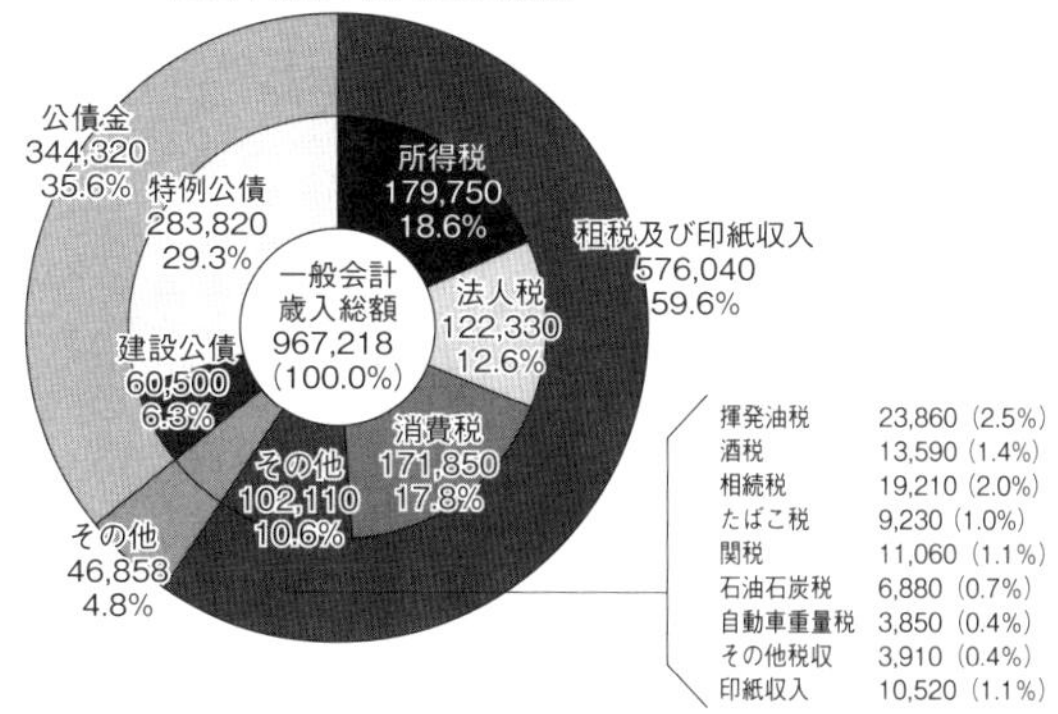

出所：財務省

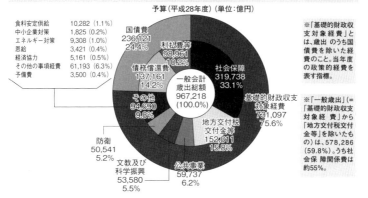

61年からは国民健康保険と国民年金の制度が始まって、農民・自営業者・中小零細企業の従業員などをカバーしました。当時（60年）の平均寿命が男65・32歳、女70・19歳だったことは見逃せません。老齢年金は、定年から5～10年ほど面倒を見れば充分で、その後みんな亡くなってしまうという前提で、制度設計したわけです。

ところが、幸か不幸か、人びとの寿命はどんどん延びていき、しかも少子高齢化が進みます。社会保障の重点は、医療保険、年金、さらに老人介護に移っていき、同時にコストもふくれあがっていきました。

社会保険の給付費を1970年度から10年きざみで見ると、70年3・5兆円、80年24・8兆円、90年47・4兆円、00年78・3兆円、10年105・2兆円です。

同じ年度の国民所得は61兆円、203・9兆円、346・9兆円、371・8兆円、352・7兆円となっています。

40年間で給付費が30倍に増え、所得が6倍も増えないのですから、保険の掛け金だけでまかなえないのは当然です。政府がその差額を支払い、不足すれば国債を出すほか、打つ手がありません。

高齢化は、間違いなく今後もますます進みます。

何年か前、団塊の世代が65歳になると定年退職者が大量に出て、さまざまな問題が起こると懸念され、「2012年問題」と騒がれたことがありました。現実には、団塊の世代は60歳前後からだんだん退職・転職しはじめ、しかも企業が継続雇用や再雇用の制度を整えたので、大きな問題にはなりませんでした。

しかし、団塊の世代が75歳の後期高齢者になるときは、介護や福祉の問題が格段に深刻になるのではないかと心配されており、これは「2022年問題」と呼ばれています。

2020年東京オリンピック・パラリンピックが終わって経済が引き締められているところで、悪くすれば深刻な不況に見舞われている恐れがあります。すると税収が上がらず、国はいま以上に国債を出さなければならないかもしれません。

日本国債は、9割方を日本人が買っている

医療費、介護費、年金などの拡大を見れば、国債による資金不足の穴埋めがやむをえなかったことには、多くの人が同意できるでしょう。

でも、世界には借金を膨張させた結果、国債暴落・金利暴騰を招いて大混乱したギリシャのような国があるではないか。日本にその心配はないのか——と納得できない人も、少なからずいるはずです。

結論から申しあげれば、いまは、その心配をする必要はありません。なぜかという理由を解説しましょう。

ギリシャは、政府が国の債務をごまかすインチキまでやって、経済運営に失敗したのが悪いのです。ただし、ギリシャ政府が国債をコントロールできず、価格暴落や金利暴騰を招いたのは、ギリシャ国債がギリシャ国外で、政府のコントロールが効かない勢力に持たれていたからです。

2011年には、ギリシャ国債の発行残高の8割近くが、海外で保有されていました。国際決済銀行（BIS）のデータによると、海外に出ていた総額は約1500億ドル。9割以上がヨーロッパで、仏567億ドル、独339億ドル、英140億ドル、ポルトガル102億ドルという具合です。

しかも、持っていたのは民間銀行、ノンバンク、投資家や投機家などが多く、公的金融機関の保有割合が高いのはドイツ（ドイツ連邦銀行）くらいのものでした。

だから、危機が始まるとギリシャ国債がこぞって売られ、ますます暴落して混乱に拍車をかけたのです。これは、ギリシャ危機がヨーロッパ全体に波及して、「欧州経済危機」「欧州ソブリン危機」「ユーロ危機」などと呼ばれた一因でもあります。

日本は、そんなギリシャのようにはなりません。というのは、日本国債は、ほとんどを

図表13：日本国債は、日本人が所有している

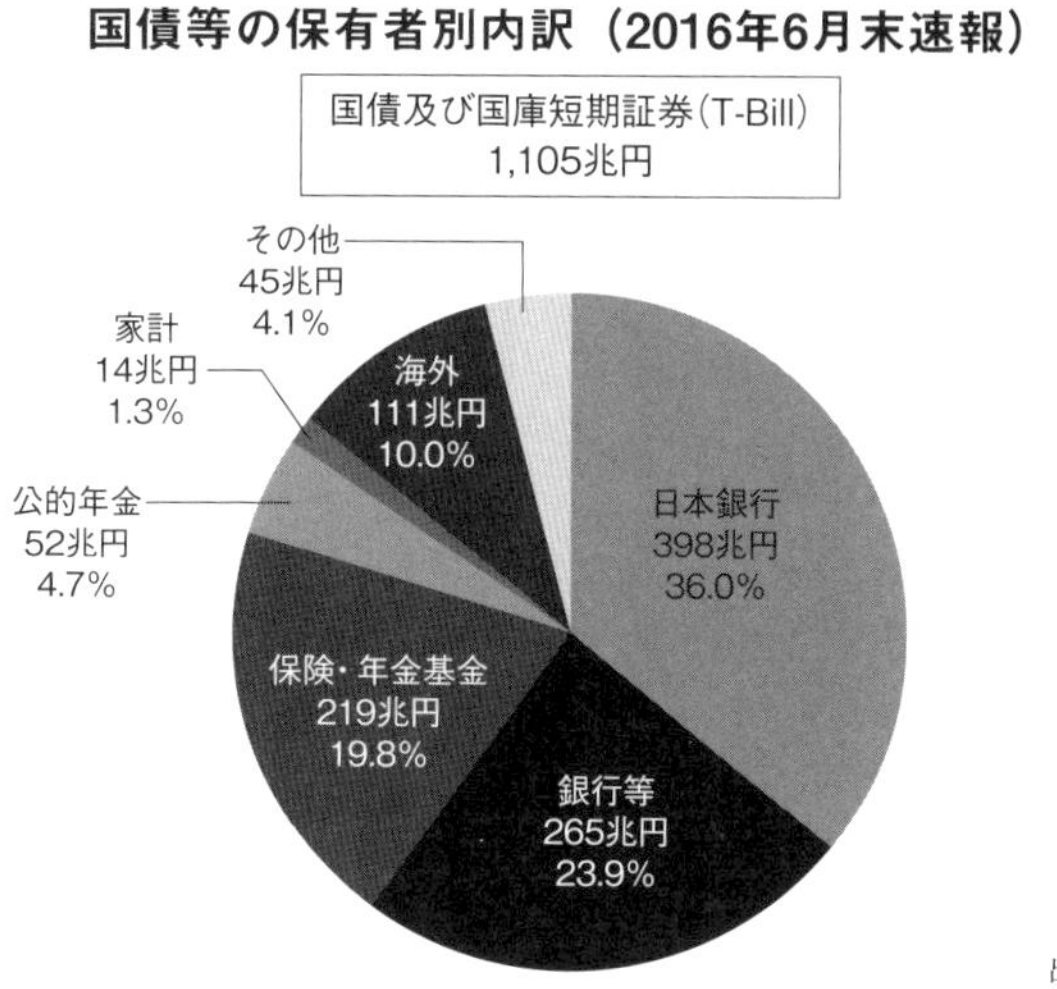

出所：日本銀行

日本人が買って持っているからです。

図表13の円グラフは、日本国債の保有者の内訳を示しています。

保有率が高い順に、①日本銀行36％、②預金取扱機関（民間銀行や信用金庫など）23・9％、③保険（生損保）・年金基金19・8％、④海外10％、⑤公的年金4・7％、⑥その他4・1％、⑦家計1・3％です。家計は、個人向け国債の発行残高ですね。

ようするに、日本国債の90％は日本人（日本の法人や個人）が持っている資産で、国内にあって、為替変動の影響も直接には受けません。

最大の保有者である日本銀行は、当面どんどん買い続けるといっていますから、

積極的に売りに出ることはありません。ただ持ち続けるだけで、市場に出さず塩漬けにする場合は、満期を迎えたものから順次、国が償還し、日銀が額面金額プラスアルファを受け取るというだけのことです。

そのほかの保有者も、「海外」を除けば、とくに国債を手放す理由がありません。売るとすれば日銀に売るので、所有者が変わる以外に大きな意味はないでしょう。

国債市場はつねに動いており、16年7月初旬には、イギリスの国民投票でEU離脱派が勝ったことなどから世界経済の先行きが懸念され、比較的安全な資産とされる日本国債が買われました（10年もの国債利回りが▲0・295％に低下、価格は上昇）。

その1か月後には、日銀の追加緩和策に国債買い入れ増が盛り込まれなかったことを失望して日本国債が売られました（同じく▲0・13％に上昇、価格は下落）。

これはいつものことで、海外勢も含めて国債を売ったり買ったりしています。しかし、ほとんど日本人が持っている以上、売るのも買うのも、儲かるのも損するのも、ほとんど日本人。日本全体として保有する国債という資産に、大きな変動はありません。

仮に日本国債を持つ海外勢が、どんどん売り続けるとしても（損を増やすだけで、やらないと思いますが）、もともと10％しか持っていませんから、影響は限定的です。

日本国債は、日本人が資産として購入し保有しているから市場が安定しており、大きな問題が発生しにくいのです。

金融資産の資金循環(バランスシート)で、日本国債を考える

次に考えたいのは、現在の状況がいつまで続くか、あるいは、いつまで続けることができるか、という問題です。

本書の冒頭で、国債は国の借金であると同時に保有者の資産だ、とお話ししました。その現実をもっと具体的に見て、将来の限界を考えましょう。

115ページの図表14は、日本銀行調査統計局が出した「2016年第2四半期の資金循環(速報)」の参考図表に載っている日本の資金循環です。

これを見るときは「バランスシート」というものを理解していただくと話が早いので、ちょっと説明します。

バランスシートは「貸借対照表」のことで、「B/S《ビーエス》」ともいいます。企業などの一定期間の財政状態を資産・負債・純資産の三つに分けて書き出した表です。

ふつうは1枚のシートの真ん中に縦線を引いて左右に分け、左側を「資産の部」として現金・預金・有価証券・貸付金・商品・車両・不動産などの金額を書き込みます。

右側は、上を「負債の部」として支払手形・借入金・未払い金などを、下を「純資産の部」として資本金などの金額を書き込みます。

左側が資産で右側が借金と思ってください。資本金は、出資者から預かったおカネですから右側に書きます。「資産＝負債＋純資産」で、左右の合計金額は必ず一致します。

日本の金融機関、中央銀行（日銀）、国内非金融部門（家計・民間非金融法人企業・一般政府）、海外という4部門について、「金融資産」だけに注目して、いま申しあげたやり方でバランスシートを書いてみます。その4枚のバランスシートを1枚にまとめて、資金の流れを示す矢印を書き入れると、図14ができあがります。

金融資産だけをピックアップしていますから、資産には不動産（土地や建物）、車両、商品などは入っていません。

この図で国債は、一般政府の負債の「証券」の大部分を占めています（Ⓐ）。838兆円よりも大きいのは、財投債その他の債券や地方債を含めているからです。

この国債を買ったカネは、国債入札のとき金融機関が出したカネ。つまり銀行、証券、生命保険・損害保険会社、年金組合などのカネ。それは人びとが預金したり保険・年金の掛け金として払ったりしたカネ。つまりは、家計が出したものです。

銀行に定期預金を積んでいる人も、銀行振り込みで給与を受け取る人も、自分のおカネ

図表14：部門別の金融資産・負債残高（2016年6月末、兆円）

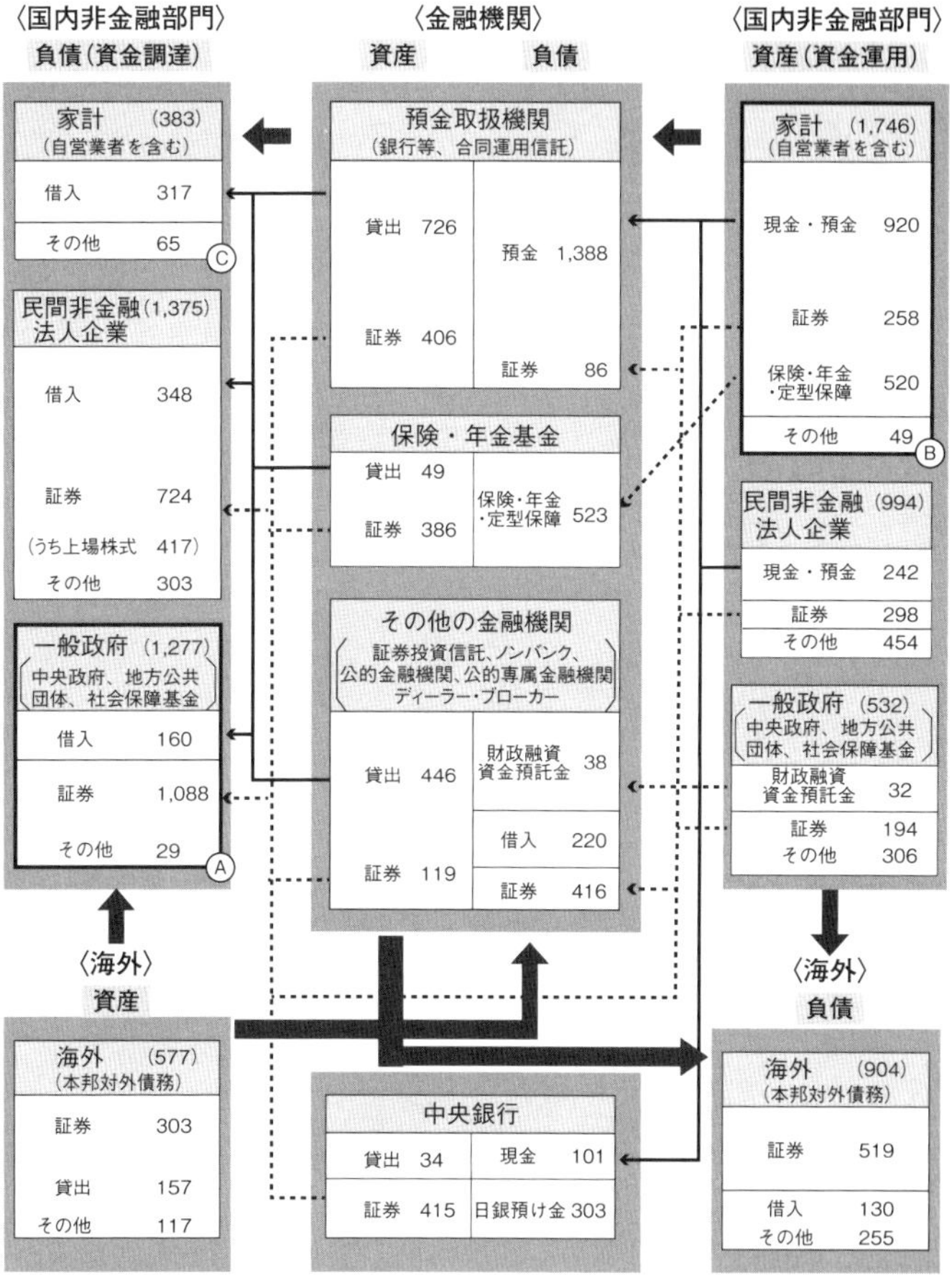

（注1）主要部門、主要項目を抜粋して資金循環のイメージを示している。
（注2）貸出（借入）には、「日銀貸出金」「コール・手形」「民間金融機関貸出」「公的金融機関貸出」「非金融部門貸出金」「割賦債権」「現先・債券貸借取引」が含まれる。
（注3）証券には、「株式等・投資信託受益証券」および「債務証券」（「国債・財投債」「金融債」「事業債」「信託受益権」等）が含まれる（本邦 対外債権のうち証券については、「対外証券投資」）。
（注4）その他には、合計と他の表示項目の差額を計上している。

の一部は必ず国債買い入れに回っている、と思ってよいのです。高度成長期には、そのカネは貸し出しに回りましたが、企業が内部留保を厚くし、資金需要が低迷する現在は、国債にむかっています。

家計の金融資産(個人金融資産)を超える手前までは発行できる

そこで、図14の家計（ここでは自営業者を含みます）の資産を見ると、現金・預金・証券・保険・年金などを合わせて1746兆円あります（Ⓑ）。

家計は住宅ローンや車のローンなど借金も抱えていますから、負債はいくらかと見ると383兆円です（Ⓒ）。

したがって家計は、ⒷとⒸの差額1363兆円の「純金融資産」を持っています。

すると、政府が残高1363兆円まで国債を発行し続けても、日本全体としては債務超過（赤字）になりません。その金額までは、家計は国債を買い続ける（間接的に引き受ける、消化する）ことができ、政府は国債を出し続けることができます。

一言でいえば、「国債の発行残高は、家計の金融資産のうち純資産との見合いで、それを上回らないところまで増やすことができる」のです。

もちろん以上は、荒っぽい一つの試算で、日本経済の資金循環を見れば、だいたいそんなところだろう、というメドにすぎません。

たとえば、家計が現金や預金をすべて国債に振り向けてしまうことなど、現実には起こりません。不動産や車を買うカネもタンス貯金も、国債買い入れには回りません。一方、現実には海外（の国・法人・個人）も日本国債を買っていますが、試算では無視しています。日本が持っている巨大な海外資産（海外から見て「負債」の項目に入っています）も考えに入れません。

なにしろ現物資産をすべて捨象していますし、途中の金融機関や企業も飛ばしていますから、もともと大雑把な話です。それでもこの試算は、国債発行の「壁」を考えるメドとしては有効だ、と私は考えています。

考えから除外した金融機関や民間非金融法人企業は、そもそも日本人が生活するための存在で、その利益も損失も最終的には日本人全体にかかってきます。土地建物その他の資産も日本人全体の持つ金融資産の一部に形を変えない限り、国債を買うカネにはなりません。

だから、現段階の日本人（家計や個人）の金融資産を、国債発行残高と見合わせることは、充分に合理的でしょう。

貯蓄率はゼロに近く、家計の金融資産は増えそうにない

以上の考え方に基づけば、日本国債をいつまで出し続けることができるか、というおよそのメドもわかります。

Ⓑとⓒの差額１３６３兆円から、現在の国債発行残高（財投債含む）９３１兆円を引けば４３２兆円。これを、家計の将来的な「国債買い入れ可能枠」（潜在的な引き受け可能枠）と想定することができるのです。

家計の金融資産が今後１８００兆円、１９００兆円と増えていけば、枠も大きくなってハッピーですが、そうはならないでしょう。というのは、経済成長率が低く、家計の資産がふくらみにくいうえ、貯蓄率がほぼゼロに近い水準だからです。

日本の家計貯蓄率は、30年以上前の１９８４年あたりまでは15％以上と高水準でした。ところが86年に14％を切ると、バブル崩壊直後の91年と金融危機直後の98年に上向いた（危機直後は先行き不安から貯蓄が一時的に増えます）のを除き、一貫して下がっています。08年に１％を割り込み、13年度は▲１・27％でした。ガクンと減ったのは、消費税増税の駆け込み需要で、貯金を下ろして車や耐久消費財を買ったからです。

図表15：家計の貯蓄率はゼロに近づいてしまった（2016年6月末）

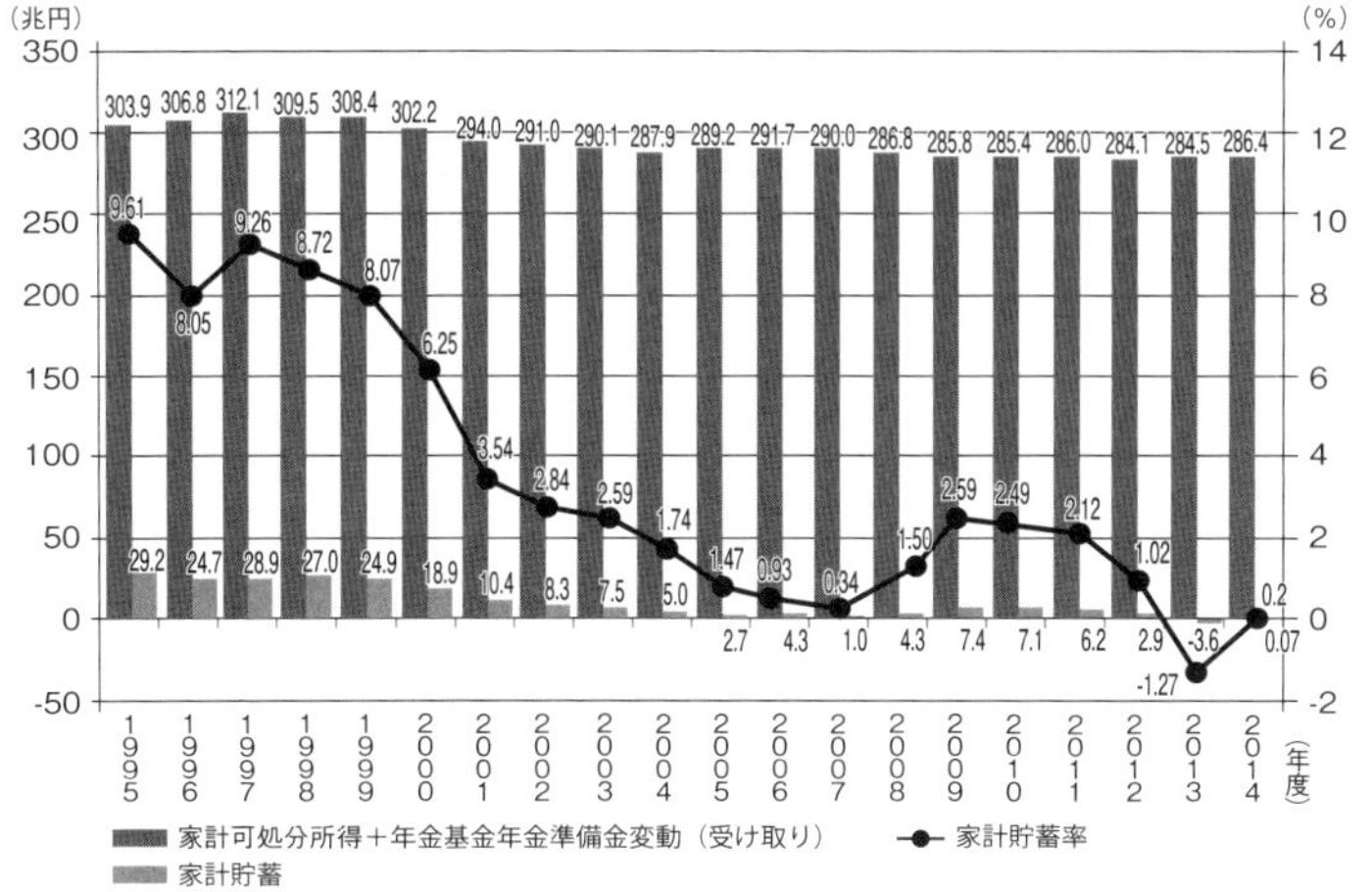

貯蓄率低下の背景の一つは、高齢化です。みんな現役時代に貯蓄に励み、引退後は貯蓄を取り崩して生活しますから、高齢者が増えれば貯蓄率は下がります。

背景のもう一つは、70年代以降に住宅ローンや消費者金融制度が整備され、その後クレジットカードが普及して、貯蓄の必要性が薄れたことです。ＩＴの発展でネット通販が普及したことも大きいでしょう。

昔は、銀行や郵便局で下ろした10万円を握りしめて東京・秋葉原や大阪・日本橋に出かけ、値下げ交渉をして冷蔵庫やテレビを買ったものですが、いまは価格ＣＯＭで安い店を調べ、カードで買います。

カードの「リボ（リボルビング）払い」という分割払いは、昔でいう月賦と同じ。

もう数十万円や数百万円という貯金は必要ないのです。

さらに、グローバル化などで格差が広がり、年金でギリギリの生活をする高齢者や、非正規雇用で年収200万円以下の若者など、貯蓄する余裕のない人が増えたことも、貯蓄率の低下につながっています。

これから数年は問題ないが、40兆円ずつ発行しつづける余裕は10年が限界

成長率も貯蓄率も低く家計の金融資産が増えない一方で、国債は今後も毎年GDPの7〜8%、35〜40兆円ほど積み上がっていく可能性が大きいと思われます。

高齢化で高齢者の数が増えますから、削減努力をしても、社会保障費を大きく減らすことは困難で、前年並みに押さえ込むことができれば御の字でしょう。ですから、今後の国債発行は年に40兆円ほどを見込んでおくべきです。

すると、結論が見えてきます。432兆円の「国債買い入れ可能枠」は毎年40兆円ずつ小さくなっていき、10年でゼロに近づきます。そこまではなんとかなるでしょう。いまの調子で国債を出し続けても、最長10〜11年くらいは余裕があるわけです。

むろん大雑把な話をしているので、現実には9年で壁に突き当たるかもしれませんし、

逆に12年後まで限界を延ばせるかもしれません。

いずれにせよ、今後5～6年で国債発行に問題をきたし、国債が暴落する、あるいは国の財政が破綻するという心配は、しなくてよいと思います。

しかし、10年余りのうちに、国債をいまの調子で出し続けることができなくなるときが必ずくる、と私は見ています。15年先20年先は、まったく見通せません。

それまでに日本は、何らかの手を必ず打たなければなりません。

債務超過になれば手遅れですから、実際には7～8年以内に、現在のやり方から脱却する準備を始めるべきでしょう。増税するしかありませんが、これについてはあとで詳しくお話しします。

日銀は、どこまで日本国債を買い入れ続けることができるか

日本政府がどこまで国債を発行し続けることができるかという問題とは別に、日銀はどこまで国債を買い入れ続けることができるかという問題があります。

日本銀行は、過去にも少しずつ日本国債を買っていましたが、数年前までは大量に持っていたわけではありません。２０１０年3月末の内訳は、①預金取扱機関36・４％、②保

険・年金基金23・6％、③公的年金11・9％、④日本銀行8・2％、⑤海外6・4％で、日銀の保有シェアは1割以下。額にして56兆円にすぎなかったのです。

それが異次元の金融緩和で、13年4月から長期国債を年50兆円規模で買い入れはじめ、14年10月末に、買い入れ額を年80兆円に引き上げました。その結果、日銀は16年6月時点で、発行残高の半分近い400兆円の日本国債を持つに至りました。

今後も年80兆円規模で買い入れを続ければ、毎年新規に発行される国債のすべて（40兆円）と、過去に発行されたほぼ同額の国債（40兆円）を買うことになります。

すると、市中の国債は年40兆円ずつ減っていき、10年余りでこの世に存在するすべての国債を日銀が持つことになってしまいます。そんなことはありえないから、どこかで日銀は方向転換するに違いない、という話です。

日銀の刷る紙幣は、どのように市中に出ていくか

しつこいようですが、念のため、これは日銀による国債の「直接引き受け」の話ではありません。

直接引き受けは、政府が発行した国債を市場に一切出さず、日銀が直接受け取って、そ

のぶんのカネを政府に渡します。日銀は裏づけのない（見合う「資産や価値」がない）紙幣を刷って政府に渡すので、それを政府が使って世の中に流通させれば、必ずインフレになります。この日銀によるファイナンスは、財政法第5条が禁止しています。

これに対して、政府が発行した国債をいったん金融機関が買い、それを日銀が金融機関から買う場合は、金融機関が国から買ったとき、金融機関が何らかのかたちで集めたカネが国債と交換されています。

国民が預けた預金の一部だったり、積み立てた保険金の一部だったりさまざまですが、とにかく見合う「資産や価値」との交換ですから、このとき国債に「資産や価値」の裏づけがつきます。

その国債を買うとき日銀が金融機関に渡す紙幣は、国債の「資産や価値」と見合うもので、国債と同じ「資産や価値」の裏づけがあるわけです。これは直接引き受けで出した紙幣とは、まったく異なります。だから、その紙幣が世の中に流通しても、インフレにはならず、問題とされないのです。

このとき日銀が新しく何兆円ぶん紙幣を刷ろうが、問題ありません。

日銀は、日銀法で「我が国の中央銀行として、銀行券を発行する」（第1条）とされていますが、いくらまで紙幣を刷ってよいとか悪いとかいう決まりはありません。

ただし、第1条（目的）に「信用秩序の維持に資する」、第2条に（理念）「物価の安定を図ることを通じて国民経済の健全な発展に資する」とあるので、目的や理念に反してはダメです。ハイパーインフレを起こすような銀行券の発行は認められません。

ですから、日銀が銀行券を発行するときは、刷った紙幣をヘリコプターから撒《ま》いたり、日銀の本店・支店に刷った紙幣を「ご自由にお持ちください」と書いて積んでおいたりしてはダメなのです。

原則として日銀は、日銀に当座預金を開き、預金を預け入れている金融機関が、その当座預金から現金（紙幣）を引き出すときしか、紙幣を発行できません。

金融機関は、日銀の当座預金に預けたカネの一部に▲0・1％の金利がつくと、預けておいては損ですから引き出します。このとき紙幣が日銀から市中に出ていきます。

あるいは金融機関は落札した国債を、年80兆円まで国債を買うという日銀に、たとえば2兆円ぶん売ります。代金2兆円は、その金融機関が日銀に持つ当座預金に入ります。それを金融機関が引き出すとき、紙幣が日銀から市中に出ていきます。

右のプロセスで、日銀が必要と考える何兆円の紙幣を刷っても、「資産や価値」の裏づけがある紙幣だけが市中に出ていきますから、問題はありません。

図表16：日銀の大量国債購入が続く

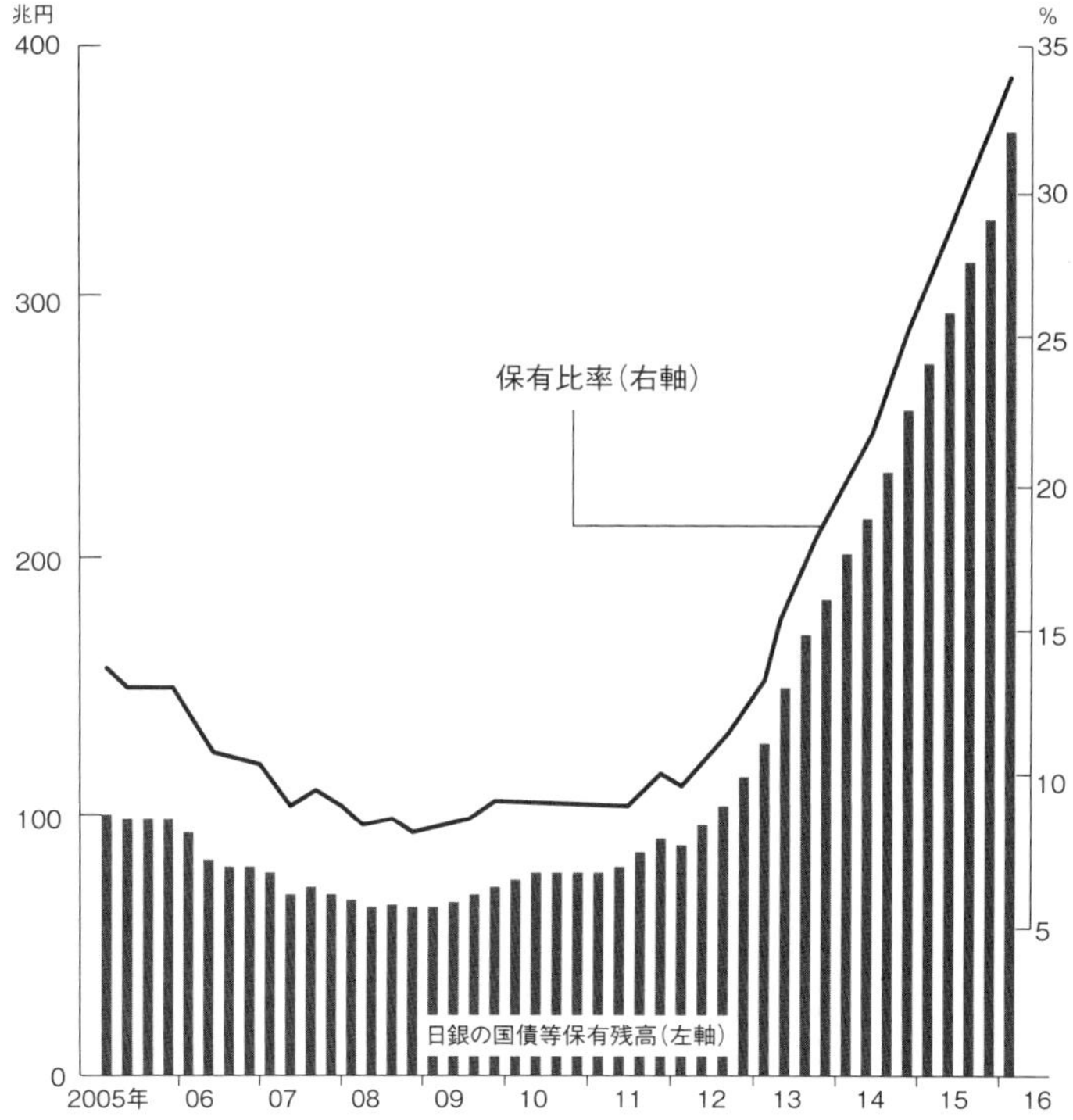

出所：日本銀行「資金循環統計」

「ケチャップでも何でもいいから買え」といったバーナンキ

日銀が続けている日本国債の買い入れは、リーマン・ショック後にアメリカが実施した量的金融緩和とよく似ています。アメリカのQE（Quantitative Easing）を主導したのは、06～14年に米連邦準備制度理事会（FRB）議長を務めたベン・バーナンキです。

彼は1930年代の大恐慌や日本の平成不況の研究で注目された経済学者で、FRB議長になる前から「日銀は紙幣を刷れ。国債を大量に買い上げよ」と主張していました。日銀に「ケチャップでも何でもいいから無制限にお買いなさい」と提言したこともあります。「デフレ克服にはヘリコプターから札をばらまけばよい」と言ったこともあって、ついたあだ名は「ヘリコプター・ベン」「ヘリコプター印刷機」です。

日銀が、バーナンキ路線を強く意識して異次元の金融緩和を始めたことは、間違いありません。まさかケチャップを買うわけにはいかず、国債、ETF（上場投資信託）、REIT（不動産投資信託）をガンガン買っています。

買えば、必ず市中（世の中）に紙幣が増えます。紙幣は、利子も満期もないのに国民の強い信頼に基づく価値があり、それを日銀は好きなだけ市中に増やせます。

そこで「市中の紙幣の量と物価は、まったく関係がない」と仮定してみます。そうならば、日銀は無制限に紙幣を刷り、（たとえば禁じ手である国債の直接引き受けで）政府に紙幣を渡し、行政の仕事をさせたり、借金を返済させたりすればよいでしょう。しかし、そんなことは許されず、必ずインフレを招きます。

つまり「紙幣の量と物価は関係ない」という仮定から出発すると、「紙幣の量と物価は関係ある」（ハイパーインフレすら引き起こす強い関係がある）という、仮定と矛盾した結論に至ります。ということは、最初の仮定が間違っています（背理法）。

だから、紙幣の発行と物価はやっぱり関係があり、市中に紙幣を増やせば、いずれ物価は上がるはずです。――これがバーナンキの考え方で、彼は99年に書いた「日本の金融政策」というエッセイで、右の背理法を開陳しています。

「物価を2％まで上げる」といって量的金融緩和を続ける日銀の考え方も、これと基本的に同じと見てよいのでしょう。

日銀は3年半たったところで、「量より金利」という言い方で、やや舵を動かしたものの、大きな方向転換はしておらず、金融緩和は続くでしょう。

その先ははっきりせず、大きな方向転換があるのか、あるとすればいつなのかは、よくわかりません。異次元の金融緩和の「出口」や「撤収」は見えていないのです。

現在のやり方を続ければ、国債市場がだんだんしぼんでいくことは明らかで、そこで問題が生じる恐れはあるでしょう。

日銀はマイナス金利（国債利回りがマイナス）で割高な国債を買っていますから、満期のとき損が出ることもたしかです。マイナスといってもゼロにごく近いので、損失額は限定的ですが、日銀のバランスシートは悪くなるでしょう。

政府資産は売却できないものが多く、債務減らしには使えない

ところで、政府は巨大な債務をかかえているが、一方で資産を持っているから、それと相殺すれば債務が大幅に減るはずだ、という人がいます。本当にそうなのか、検討しておきましょう。

財務省が16年1月に公表した政府のバランスシートから、資産（ストック）を大きい順に書き出すと、次のようになります。14年度末の総額は約680兆円でした。

①有形固定資産179兆円……河川・道路、国の庁舎・施設、堤防など
②有価証券139・5兆円……米国債など外貨証券129兆円、日本郵政株式10兆円
③貸付金138・3兆円……地方や政策金融機関への財政融資資金112兆円など

④運用寄託金103・7兆円……年金積立金の一部のGPIFへの預託金
⑤出資金70兆円……独立行政法人・国立大学法人・国際機関などへの出資金
⑥現金・預金27・8兆円……手許現金《てもと》、日銀への預金、外貨預金
⑦その他18兆円……税金や保険料などの未収金11兆円、原賠機構への前払費用など

GPIFには、注釈が必要でしょう。これは年金積立金管理運用独立法人（旧・年金福祉事業団）で、国民年金や厚生年金の積立金の一部を運用しています。

16年夏には、16年度第1四半期の運用成績がパッとせず、収益率が▲3・88％に悪化して5兆2000億円以上の評価損が出た、と報じられました。主な原因は、イギリスの国民投票でEU離脱派が勝ったことを受けた円高、国内株の値下がり、債券の利回り低下などです。この種のものは山あり谷あり。通しで見てプラス45兆円だったものが、40兆円に値下がりしたという話で、あまり一喜一憂するのはどうかと思います。

GPIFは、運用金の3分の2を国債に回していましたが、政府の株価テコ入れ策もあって14年11月から株式の運用を増やしました。いまの投資割合は、国債4割、日本株2・5割、外国債券1割、外国株2・5割といったところでしょう。

さて、国の持つ道路や堤防などの固定資産は、売りたくても売れません。道路や堤防を買って得すると思う人などいませんから。庁舎や施設を高層ビルに集約し、余った土地を

売るといったことは考えられますが、大した額にはならないでしょう。

米国債は第4章で詳しく見ますが、円高を阻止する円売り（円安誘導）のために買ったのですから、売れば逆に円高となります。すると企業業績が悪化し、株価が下がります。大量売却は米国債の急落や市場の混乱を招きかねず、アメリカとの関係を損ないますからそもそも無理です。

貸付金のうち負債とセットのもの、つまり財投債の借金を貸し付けているものは、売却する意味がないでしょう。年金積立金も無責任に売り飛ばしてはいけません。出資金の一部は売れるかもしれませんが、国立大学や国立研究所が私立になってしまいますから、やるのは国がガタガタになったときです。国際機関などの出資金は売れません。

こうして見ていくと、国の資産のうち売却して債務を減らせるものはほとんどない、と考えてよいでしょう。若干減らせたとしても額が少なく、翌年か翌々年には売った意味がなくなるケースがほとんどでしょう。

日本は増税しないかぎり、やっていけない。メドは消費税20%

さて、この章の結論です。

いまの調子で10年ほど国債を出し続けることができても、その先の結論は明らかです。将来は消費税を15％、20％と引き上げていかないかぎり、日本国はやっていけません。

もちろんムダはとことん省くべきですし、医療・年金・介護制度などそれぞれで、支給年齢を遅らせる、所得制限を設ける、自己負担割合を引き上げる、規制を撤廃して競争を導入するといった工夫は必要です。しかし、考えられることをすべてやっても、何十兆円のうち何兆円を減らせるかという話で、根本的な解決策にはならないのです。

所得制限一つとっても、所得をどれだけ把握できているか、把握のためのシステム整備にかかるコストはどうなのか、と詰めていけば、簡単な話ではありません。

戦時中、出征兵士を送って戦死者を出した家に、役場が「誉れの家」「名誉の家」という札を配り、その家は玄関に掲げて、道行く人が頭を下げた、という話があります。そこで「年金なしでやっていける高所得者には、辞退してもらう。その人には国が『年金ほまれの家』の札を贈って顕彰する。札は玄関に掲げてもらい、通るときみんな頭を下げることにしたら」と言った人がいました。

しかし、現在の年金は積立方式ですから、自分で積み立てたカネをもらえないのは、そもそもおかしいのです。年金がいらない高所得者に年金を渡さないためには、年金制度を税方式に換える必要があります。そのうえで所得制限をかけるのが筋でしょう。

税方式に変更すべきだ、と私は考えていますが、制度の移行に20年、30年という年月がかかってしまいます。10年後には到底、間に合いません。

その前にどうしても増税が必要で、増税せずに財政赤字をいまの調子で拡大させていけば必ず破綻する、というのが私の主張です。

ですから私は、安倍内閣の消費税率引き上げの延期・再延期を評価しません。この期におよんで先延ばしにしても、ほとんど意味がないと思います。

中長期的に考えれば、消費税率20％が最低ラインで、見込まれる税収額は年に40兆円ほどです。日本の国民も日本政府も、このことを覚悟しておかなければなりません。

そもそも「デフレからの脱却」など、やらなくてよい

この章の最後に、アベノミクスの着地点についてお話ししておきます。

アベノミクスが掲げた「デフレ脱却」も、それを受けて日銀が掲げた「物価目標２％」もいまだ「道半ば」。しかし安倍内閣も日銀も頑張る、という話になっていますね。

しかし、どちらも終着点にたどり着かないだろう、と私は思います。というより、どちらも「達成する必要はない」というのが私の考えです。

「デフレからの脱却」といいますが、古典的なデフレーションの定義は「不況下で物価が下がること」です。「不況」や「景気後退」の部分は、もちろん改善しなければいけません。しかし、「物価が下がること」そのものは、国を挙げて克服しなければならない課題とは、私は考えません。

90年代以降の日本のインフレ率（消費者物価指数の対前年増減率）は、1991年の3・3％がピークで、94年に1％を割り込み、以来ほとんどマイナスか0％台（1％未満）です。例外は、消費税が5％になった97年（1・8％）、原油・穀物価格が高騰した08年（1・4％）、消費税が8％になった14年（2・7％）だけです。

いずれも特殊な事情によるもので、直近の四半世紀（25年間）の日本では、「物価上昇率0〜1％未満」がごくふつうの自然な状態なのだ、と見なければなりません。

この間、小泉内閣の後期のように、企業業績が回復して好況だった時期もありました。にもかかわらず物価が上がらないのは「不況下の物価下落」以外の原因があるからです。

その原因は、グローバル化であり、日本と東アジアとの経済統合です。

冷戦が終わると、旧ソ連、東欧諸国、中国などが世界市場に参加しはじめ、韓国やブラジルなど新興国も力をつけてきました。なかでも「世界の工場」の中国と、サムスン・LG電子など巨大製造業が牽引する韓国は、日本との経済取引を急拡大させ、事実上の経済統合が進みました。中国や韓国で日本のモノをつくり、中国人や韓国人が日本の店で働けば、日本の物価は、賃金その他のコストが低い中国や韓国に引きずられて下がります。

情報通信の世界では、IT化の進展でインターネットが普及し、通信費が急激に安くなりました。メーカー直販が広がって、営業コストや問屋・小売店が省かれ、製品価格が下がります。グローバル化やIT化で物価が下落するのは、悪いことではなく当たり前のことで、解消する必要などありません。というより、解消したくても解消できません。

一方、国内の食料品、たとえばコメ、野菜、魚、肉、卵といったものの価格は、あまり下がっていません。

以上のようなことが全体として「物価上昇率0～1％未満」をもたらすのですから、物価だけを上げようとしても、無理があるに決まっているでしょう。

「物価目標2％」は無理。インフレ率は1％でかまわない

15年のインフレ率は0・8％で、1％に近く、そこそこよい水準です。原油など世界中どこでも安いものを除けば、インフレ率1％は達成した、ともいえるのでしょう。

この先2％まで持っていくのは当面は無理だ、と私は考えています。インフレ率およそ

1％がずっと続いてもかまいません。安定さえしていれば、それでよいでしょう。

日銀が「2年で物価を2％引き上げたい」と言ったとき、原油価格が大幅に下落すると は誰も考えていませんでした。ところが想定外の下落が起こり、玉突き的にさまざまな物 価が下がりました。ならば「2％と言ったが、原油値下がりでとても無理。目標を1・5 ％にしたい」と日銀が言っても、文句をつける人はいないはずです。

しかし、日銀は一度掲げた旗を降ろしません。黒田さんは、本音では「2％は無理」と 思っているかもしれませんが、そんなことはおくびにも出しません。

というのは、まだしばらく金融緩和を続けたいからです。「2％」と言っていれば続け る理由になりますが、「2％」をヘタに取り下げてしまうと「そろそろ金融緩和は終わりか」 というサインと受け止められかねません。日銀は、「終わり」や「もう打つ手なし」と思 われてしまうことだけは、絶対に避けたいと考えているでしょう。

日本は成長の時代を終えた「成熟社会」。無理に成長する必要などない

「アベノミクスは一本足打法」といった人があります。3本の矢のうち、満足に飛んだ のは最初の1本だけ、というのです。

2本目の矢の財政出動を、巨大な財政赤字をかかえる日本が継続的に実施するのは容易ではありません。16年5月のG7でも財政出動が議題に上り、安倍内閣はその後、総額28兆円の経済対策を発表しましたが、「真水」部分は数兆円。効果は限定的でしょう。

3本目の矢の成長戦略も、はっきりしません。目立ったのは法人税減税と、さきほど触れたGPIFの株式運用比率アップくらいです。国内のある企業や産業が、大きな商機をつかんで動き出したというようなニュースは、とんと耳にしません。

日本は、すでに「成長の時代」を終わり、経済成長率を2~3%にするとか、ある企業や産業が国内オペレーションをどんどん増やすという状況にはないのです。伸びようとする企業は海外に出るしかなく、実際そうしています。

さまざまなニッチ（隙間）市場は活況を呈しても、それが日本経済を牽引する話にはなりません。たとえば、農業は成長産業の一つで、企業が参入してある作物を世界中に輸出するといったことはあるでしょうが、農業が日本経済を引っ張って成長率を高めるとは思えません。

構造改革が叫ばれますが、現実に打ち出すことができる構造改革はあまりないのです。身も蓋もないといわれるかもしれませんが、私は「この産業の構造改革は、これとこれしかできない」と、はっきりいったほうがよいと思います。できもしないことをやれとかやるとかいうのは、かえって無責任ではないでしょうか。

人口が減りはじめ、経済も伸び悩む日本は、「成長社会」ではないが、豊かな自然や過去の蓄積を持つ「成熟社会」――このことを前提に、私たちは地に足をつけて、現実的な政策や制度を組み立て、それを着実に実行していく必要があります。

その結果、GDP成長率が0・9％でも1・2％でも、それで一向にかまわない、と私は考えているのです。

第4章

米国債・欧州債と世界経済のいま

アメリカの復活と中国のこれから

「米国債」とは、なんだろう

この第4章では、アメリカ、ヨーロッパ、中国の順に、各国の国債事情や経済の状況を見ていきましょう。

とくに世界経済や為替の動向が、2017年以降あるいはさらにその先どうなっていくか、という見方についてもお話ししたいと考えています。

まず、米国債（アメリカ国債）の話です。

米国債は、米国財務省証券、合衆国財務省証券（United States Treasury security）などとも呼ばれるアメリカ政府（財務省）が発行する債券です。

米国債の発行残高は、16年10月現在で約19兆7200億ドル（約2050兆円）。世界トップの経済大国アメリカとその政府が持つ信用と、世界がアメリカという国・政府に寄せる信頼を背景に、各国の国債のなかでも最大の売買量と発行残高を誇っています。

米ドルは、たとえば第二次世界大戦の直後や1950年代と比べれば力が弱まってきているとはいえ、依然として世界の「基軸通貨」（キー・カレンシー）となっています。

基軸通貨とは、ドル・ユーロ・ポンド・円・マルクといった国際通貨のなかで、中心的で支配的な役割を担っている特別な通貨のこと。それが現在は米ドルです。

役割をもっと具体的にいえば、米ドルは世界中の貿易や資本取引に広く使われる「決済通貨」です。また、さまざまな通貨の価値基準となる「基準通貨」です。さらに、各国の通貨当局が対外準備資産として持つ「準備通貨」でもあります。

ある国の通貨が、そのように広く、いくつもの用途で使われるには、国力や軍事力が強いだけではダメで、通貨の価値が安定し、高度に発達した為替市場や金融・資本市場が用意され、しかもそれが不合理な規制のない自由なものでなければなりません。

経済力や軍事力が突出するだけでなく、アメリカが開かれた自由なマーケットを持っていることが、基軸通貨という米ドルの特別なポジションを支えているのです。

この意味で、アメリカという国は、世界でも非常に特異な立場にあります。そしてアメリカは、自国の通貨が基軸通貨になっているメリットを最大限に生かして、国債を大量に発行することができるわけです。

米国債の持つ特徴を整理すると、次のようなことがいえるでしょう。

◯世界最大の経済大国・軍事大国の政府が発行し、元利の支払いを保証している。

◯信用力が抜群で流動性も高いため、売買量と発行残高が最大になっている。

○価格や利回り動向が、国際的な金融市場の有力な指標となる。
○信用力のある各国政府が、海外で獲得した外貨を振り向けて運用する。
○国際紛争や経済危機など「有事のドル買い」のとき、よく購入される。
○以上のことから、世界中の投資家が運用先として重視している。

米国債にはさまざまな種類があります。日本国債についても見たように、ひと通り紹介しておきましょう。

米国債は、誰でもいつでも広く売買できる「市場性国債」と、社会保障信託基金やメディケア信託基金など政府部門が持つ「非市場性国債」に分けられます。全体で19・7兆ドルのうち、市場性国債が14・2兆ドル、非市場性国債が5・5兆ドルくらいです。

米国債のうち、償還期限が1年以内のものは割引債（額面から利息相当分を割り引いた価格で発行され、利払いなし）として、償還期限が2年超のものは利付債（年2回利払いがある）として発行されています。

償還期間の長さによって、次の3種類に分けるのがふつうです。「T-」はTreasuryの略です。
○米国財務省短期証券（T-Bills）……4週間・13週間・26週間・52週間ものなど、いず

れも割引債
○米国財務省中期証券（T-Notes）……2・3・5・7・10年もの利付債
○米国財務省長期証券（T-Bonds）……30年もの利付債
そのほか、元本と利率が物価指数上昇率に連動する「インフレ連動債」や、利付債の元本部分とクーポン部分を分け、それぞれを割引債として販売する「ストリップス債」などもあります。

海外では、中国と日本が突出して米国債を持っている

145ページの図表17は、米国債を保有している上位20か国・地域のリスト（16年7月現在）です。

突出して多いのが中国の1兆2188億ドル（約127兆円）、次が日本の1兆1546億ドル（約120兆円）で、ほかの国とはケタが違います。

中国や日本の米国債保有高が多いのは、両国が工業製品をアメリカはじめ世界にどんどん輸出し、「世界の工場」の役割を果たしてきたから。経常収支の大幅な黒字が継続し、それが外貨準備という形になって、どんどんたまっていったわけです。

その仕組みはこうです。

日本の企業が輸出によってドルを手にすると、そのままでは国内で使えませんから、銀行でドルを円に交換します。つまりドルを売って円を買います。

財務当局は、銀行に貯まったドルを買い上げて、外貨準備とします。

日本の企業が原材料などを輸入すると、支払うのにドルが必要ですから、銀行で円をドルに交換します。つまり円を売ってドルを買います。

以上のことが貿易で繰り返されますから、貿易収支が黒字、つまり輸出が輸入を上回る状態が続くと、外貨準備のドルが増えていきます。逆に、貿易収支が赤字になると、外貨準備のドルが減っていきます。

1960年代末から日本や西ドイツの経済躍進が続いたころには、アメリカの国際収支の赤字が続き、日本や西ドイツの外貨準備が増えました。

その後、西ドイツはドイツ統一で東ドイツの面倒を見ることになりましたが、日本はバブル景気でますます外貨準備を積み上げ、外貨準備高も米国債保有高も世界トップになりました。「世界最大の債権大国」として、世界中で不動産や企業を買ったのです。

貿易のメカニズムとは別に、財務当局は、為替介入（外国為替市場介入）で通貨間の売買をすることがあり、円高ドル安に誘導するときは円買いドル売りを、円安ドル高に誘導するときは円売りドル買いをおこないます。実際に売買するのは、財務大臣の代理人としての日銀です。

日本は、円高是正や円高阻止のためにしばしば為替介入（ドル買い円売り）を実施しましたから、これによっても、外貨準備や米国債保有高がふくらみます。

為替介入で外貨準備が増えるのは中国も同じです。日本も中国も、輸出に有利になるように自国通貨を対ドルで安くしておきたいと考え、ドル買い介入をすることが多いので、

図表17：米国債を多く買っている国は？

米国債の保有国・地域トップ20（2016年7月）

単位：億ドル

1	中国（本土）	12188
2	日本	11546
3	アイルランド	2696
4	ケイマン諸島	2643
5	ブラジル	2541
6	スイス	2408
7	ルクセンブルク	2235
8	イギリス	2099
9	台湾	1921
10	香港	1896
11	ベルギー	1544
12	インド	1237
13	シンガポール	1034
14	ドイツ	968
15	サウジアラビア	965
16	ロシア	882
17	韓国	859
18	カナダ	813
19	バミューダ諸島	663
20	アラブ首長国連邦	660
	総計	62479

出所：米財務省

手持ちのドルが積み上がっていきます。

小さな国が米国債を大量に保有しているのはなぜか

中国や日本の米国債保有高が大きい理由はおわかりいただけたと思いますが、大国とはいえそうもないのに、米国債を大量に持つ上位にランク入りする国があることを、疑問に思った読者もいるでしょう。

中国と日本が米国債を大量に持っているのは、経常収支の黒字の裏返しで、貿易における国の強さを示しますが、ケイマン諸島が輸出に強いという話は聞きませんから。

米国債を世界で3番目に多く保有するアイルランドは、アメリカと非常に密接な関係がある国です。

かつて、イギリスの植民地支配を受けたアイルランドから、多くの移民がアメリカにわたりました。アイルランド系を自認するアメリカ人は3600万人と人口の1割以上で、ケネディ、レーガン、クリントン、オバマなど大統領になった有力者を輩出しています。

クリント・イーストウッド、ジョン・ウェイン、バスター・キートン、グレース・ケリー、ビング・クロスビー、ウォルト・ディズニー、ハリソン・フォード、マーロン・ブランドもアイリッシュです。

少なからぬアメリカ人が祖先の故郷と思うアイルランドは、ＥＵ域内では賃金や法人税が安く、英語が通じ、しかもアメリカにもっとも近い国。そこで多くの米企業や多国籍企業がヨーロッパ展開の拠点をアイルランドに設けました。

アイルランドに進出した米企業は６００社以上、従業員数は10万人以上といわれ、エレクトロニクス、情報通信、金融、製薬といった先端企業も目立ちます。こうした海外企業が投資や売り上げをもたらし税金を払うことによって、アイルランドのドルが増え、米国債が増えるのです。

ケイマン諸島、スイス、ルクセンブルクにも特殊な事情があります。イギリス領のケイマン諸島は、世界的に有名な租税回避地（タックス・ヘイブン）。ここに設立した会社は利益、売り上げ、資産などが非課税なので、企業や大富豪のカネが集まります。そのカネを米国債で運用すれば、保有高が大きくなります。

匿名性・守秘性が高いことで知られるスイスの銀行には、秘密にしておきたいカネが世界中から集まります。たとえばフィリピンのマルコス元大統領は、スイスで７億ドル（７００億円）近いカネを蓄財していたと暴露され、これはフィリピンに返却されました。秘匿された独裁者の預金が、米国債で運用されている場合もあるわけです。

ルクセンブルクは、神奈川県くらいの狭いエリアに50万人弱（ちなみに神奈川県は900万人近くです）が住む立憲君主国ですが、銀行・金融業が軒を連ねる金融センターになっており、ユーロ圏の「プライベート・バンキング」（王侯貴族や大富豪の資産を預かる専門業者）の中心地とされています。

03〜04年の円売りドル買い介入で、外貨準備が一気に増えた

ここで、米国債の保有高とダイレクトに関係する日本の外貨準備高の推移を見ておきましょう。日本の外貨準備の8割以上が米国債やドル預金で、十数％程度がユーロ、ポンド、元などと考えられています。外貨準備の増え方と米国債の増え方は、だいたい同じペースと見てよいでしょう。

米国債で持っているぶんは、満期を迎えたときに償還期限の異なるものに換える、別の国の国債や、ドル以外の通貨で持つといったオペレーションが考えられますが、米国債の償還金は、米国債の再購入にあてられることがほとんどのようです。

円が1ドル79円75銭の最高値をつけて「超円高」といわれた95年4月当時、私は大蔵国際金融局長（現国際局長）で、ローレンス・サマーズ米財務副長官と組み、アメリカと歩

図表18：日本の外貨準備高の推移（1980～2014年）

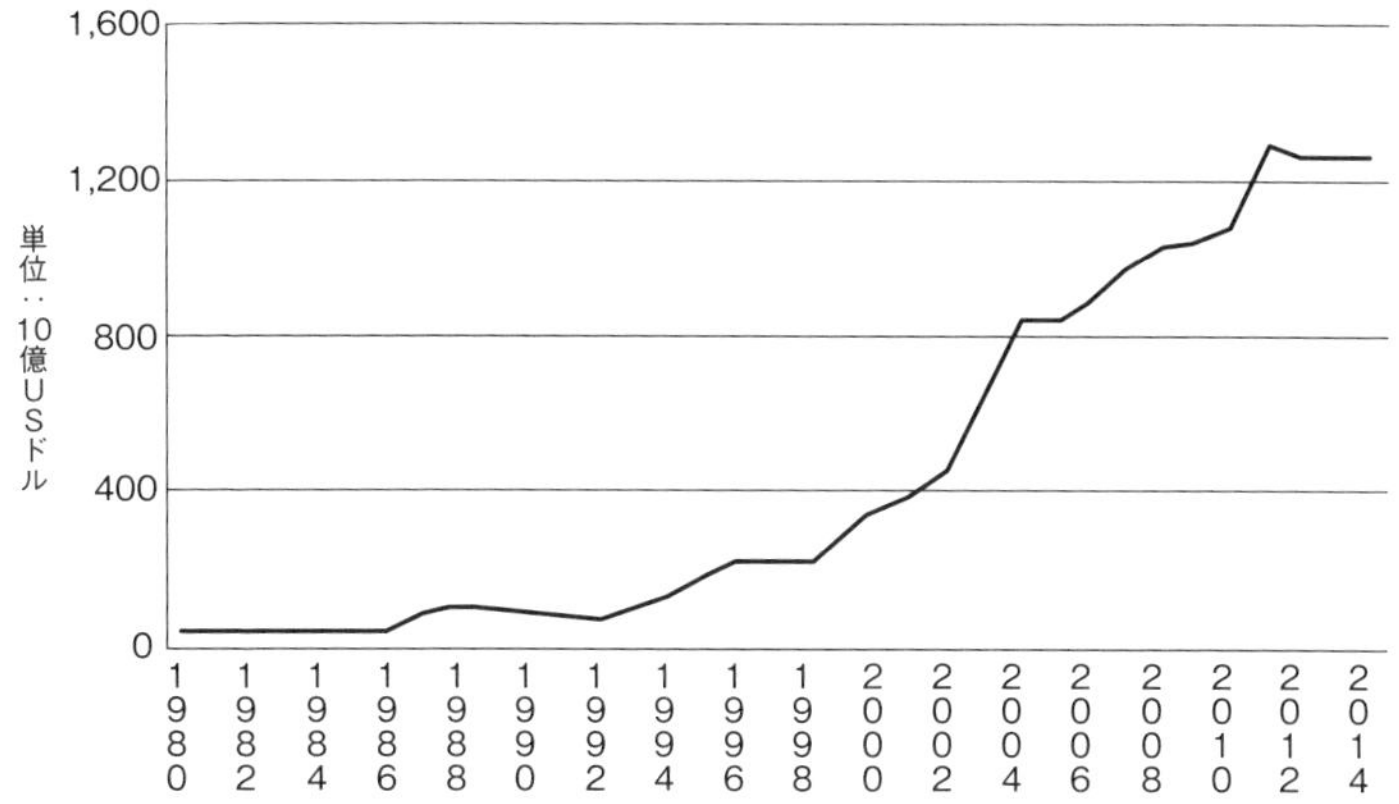

出所：財務省

調を合わせて盛んにドル買い介入をしたものでした。それでも外貨準備高は、90年代末までは2000億ドル程度にとどまっていました。

03～04年には、2年ほどで外貨準備が4000億ドルから8000億ドルまで一気にふくらみました。このときは1日で4～5兆円のドル買いをしたこともあり、やり過ぎといわれるほどの大規模介入でした。

なお、日本は外貨準備高と米国債保有高が大きく違うことはなく、差額分はドル預金やユーロその他で持っています。

ところが、実は中国の外貨準備高は日本の倍以上あるのに、中国の米国債保有高は日本とあまり差がありません。

中国は、外貨準備の運用先（内訳）を公開しておらず、残り2兆ドル以上と思われる外貨準備の運用先は、はっきりしません。

日本が米国債を「売るに売れない」理由

第3章で、政府資産には換金できないものが多く債務減らしには使えないとお話しし、米国債もその一つと申しあげました。

実は1997年6月23日、当時の橋本龍太郎首相が米ニューヨークのコロンビア大学で講演したとき、

「私は何回か、日本政府が持っている財務省証券を大幅に売りたいという誘惑に駆られたことがある」

と口にしたことがあります。橋本さんは、ああいう性格ですから冗談のつもりで言ったのでしょうが、ウォール街では直後に株式も米国債も急落してしまいました。

米国債売りは、市場に出回る米国債を増やし、価格を下げる効果があります。売ったぶんだけ手持ちのドルが増えますから、それを日本国内で使うため円を買えば円高に、たとえばユーロを買って持とうとすればユーロ高になります。いずれにせよ、ドルのレートを下げることになります。

しかも、日本政府が米国債は持っていても仕方がないと判断した、というメッセージが市場に伝わり、このことがドルの信頼に響いてドル売りが加速され、さらなる円高を招くのです。

なにしろ、日本の首相が「そう思ったことがある」と発言しただけで、すぐ市場が反応したのです。実際に日本が米国債を大量に売りはじめれば、国際金融市場や株式市場が大混乱しかねません。これは困りますから、アメリカは日本に米国債を黙って持っていてほしいと思っています。

しかも、困るのはアメリカだけではなく、市場が混乱するなか急激な円高に見舞われる日本も非常に困るわけです。

そのとき世界が一斉に米国債売りに回れば、もっぱらアメリカだけが困るはずですが、そんなことは考えにくく、日本が売ったぶんはどこかの国が買うでしょう。すると、アメリカより困るのは、アメリカとの関係を悪くしたうえに円高を招いてしまった日本ということになりかねません。

だから日本が外貨準備として持っている米国債は「売りたくても売れない」のです。米国債は、日本の「切り札」にはならず、「いざというときは売り払うが、いいのか」という脅し文句にも使えないわけです。

アメリカに頼まれるか強制されるかして、「日本は米国債をいやいや持たされている」というようなことを訳知り顔でいう人がいますが、違います。日本は自ら積み上げたものを、自らの判断で持ち続けているのです。

中国は2014年から、持っていた米国債を取り崩しはじめた

そんな日本に対して中国は、このところ米国債をどんどん売っています。

中国の米国債売りが目立ってきたのは2014年ころからで、中国の中央銀行である中国人民銀行は外貨準備のおよそ2割、金額にして2500億ドル規模（26兆円以上）の米国債を売却しました。

その後は、米国債売りから米株式売りに転じたようです。米財務省の発表によれば、中国は15年7月末から16年3月末までの8か月で、持っていた米国株の4割近く、1200億ドル以上を売却しました。同じ期間に中国以外の各国も米国株を売っていますが、せいぜい1割程度しか減らしていません。

中国の米国債売りや米株式売りは、中国政府がドル調達を急ぎ、そのドルでどうしても買わなければならなかったものがあったことを示しています。

中国が売って得たドルで何をしたかというと、一つには人民元相場を買い支えて元の急落を防ぎ、資本の流出を食い止めようとしました。株式暴落の買い支えや、国営・半国営企業の債務処理にも使っていると思われます。

あとで見るように、中国経済はかつての成長の勢いを失い、パッとしない状況が続いています。高成長から安定成長に移行しようとする過程でもたついているのです。そんなもたつきの現われが、アメリカの国債売りや株式売りといえるのでしょう。

米国債を買いまくったFRBの量的金融緩和

米国債は、08年9月のリーマン・ショック以降、連邦準備制度理事会（FRB）が市中から大量に買い入れました。いま日銀がやっている日本国債の買い入れと同じと、前にもお話ししましたが、詳しく見ておくことにします。

FRBの量的金融緩和（QE＝Quantitative easing）は3次にわたっており、次ページの図表19でわかるようにこの間、米国債の金利はどんどんゼロに近づきました。

QE1は、リーマン・ショック直後の金融危機に対処するため、08年11月～10年6月に実施されました。FRBはMBS（住宅ローン担保証券）1兆2500億ドル、米国債

図表19：フェデラル・ファンド・レートの推移（1954～2016年）

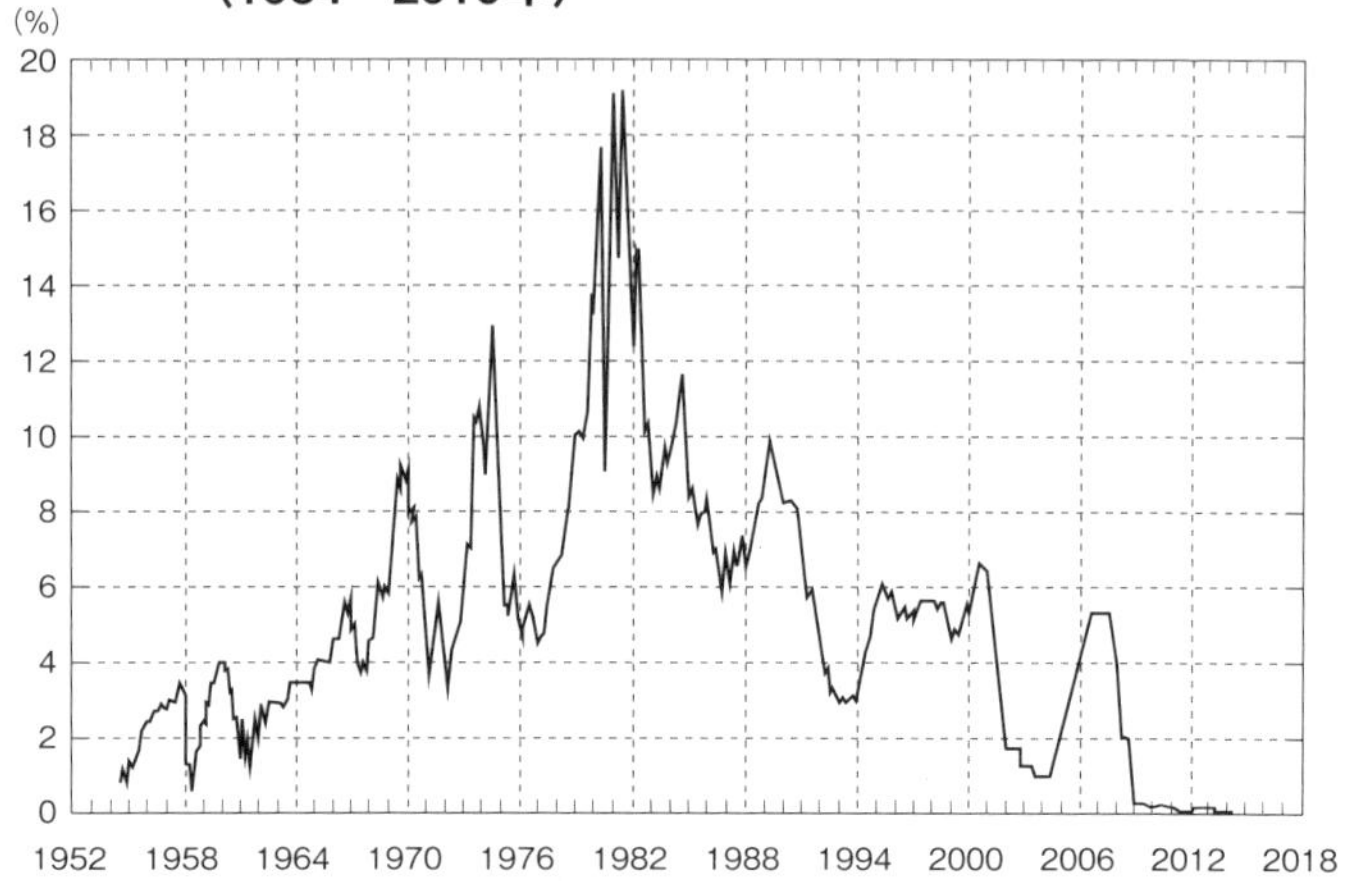

出所：米財務省

３０００億ドルなどを市場から買い入れ、計１兆７２５０億ドルのマネーを市中に供給しています。

ＱＥ１とほぼ同時の08年12月には、ＦＲＢが政策金利であるフェデラルファンドレートの誘導目標を年０～０・２％に引き下げる事実上の「ゼロ金利政策」を導入しています。

第２弾のＱＥ２は、10年11月～11年６月に実施されました。狙いは、景気回復の促進と長期金利の引き下げです。ＦＲＢは１か月あたり７５０億ドルずつ８か月間、合計６０００億ドルの米国債を買って、そのぶんのマネー量を増やしました。

第３弾のＱＥ３は、12年９月～14年10月まで続きました。ＦＲＢ議長のバーナンキは12年12月、「失業率が6・5％以下になるか、インフレ率が2・5％以上になるまで続ける」と宣言して、主な狙いが雇用の促進（失業率の改善）とインフレ率の低下阻止であることを強調しています。

具体的な政策は、MBSを毎月400億ドル買い入れ（12年12月以降は米国債の毎月450億ドル買い入れも追加）、事実上のゼロ金利政策を最長で15年半ばまで続けるというものでした。

この3次にわたる量的金融緩和は、ドル安による企業業績の向上、株価の上昇、失業率の改善などをもたらし、アメリカはグレート・リセッションの大ショックから抜け出すことができたのです。

ただし、副作用というか、マイナスの影響も甚大なものがありました。

アメリカの大規模な金融緩和によって市場にあふれたドル（「緩和マネー」といいます）は、国際市場や新興国市場などに流れ込んで、株価・商品価格・不動産価格などを押し上げ、新興国のインフレやバブル膨張につながりました。ドル安ですから、各国の通貨そのものも高くなります。

ところが、アメリカが量的金融緩和から方向転換すると、その反動が起こるのです。これが、いま中国をはじめとする新興国や資源国の経済が悪くなっていることにつながっています。

復活したアメリカは、先進国でもっとも成長率が高い

アメリカの景気は、このところ悪くありません。

アメリカ経済は、2007年のサブプライムローン破綻が引き金となり、08年秋にリーマン・ショックで金融バブルが一気に崩壊して、きわめて深刻な事態に陥りました。米国を代表し、象徴するような巨大金融機関（投資銀行、銀行、保険）や自動車ビッグ3の屋台骨が根本から揺らぎ、一時国有化などをへて整理されていきました。銀行ではないことから審査がきわめて甘かった投資銀行やノンバンクが、巨大なカネを集めてハイリスク投資に狂奔するというビジネスモデルは、完全に崩壊しました。

アメリカの企業や個人のバランスシートも大きく傷み、各部門が債務をかかえました。アメリカでは08〜10年に870万人の雇用が失われたとされています。

これがQE1〜QE3で回復に向かい、14年4月には雇用水準がリーマン・ショック前に戻りました。15年12月にはFRBが0・25％の政策金利引き上げに踏み切りました。前回の06年から10年ぶりの引き上げで、ゼロ金利政策は終わったのです。

その後、やや減速するのではないかという見方もありましたが、雇用統計がよく、おそらく16年内に利上げがあるだろうという観測が広がっています。

アメリカは、先進国のなかでもっとも経済成長率が高いのです。実質GDP成長率は、14〜15年が2・43％で、IMFによる16年の予測数値も2・4％となっています。当面はこの状況が続くでしょう。

アメリカ経済が好調な要因は、いろいろ考えられます。

一つには、アメリカはやっぱり人口が増えています。フランスは出生率（＝合計特殊出生率。日本は15年に1・46）が2を上回り、若年層への福祉を手厚くした成功例とされました。直近の数字を見ると1・99とやや下がったものの、やはり先進国ではトップです。アメリカの出生率は1・86と、スウェーデン1・89と並んでフランスに次ぐ高い水準になっています。アメリカの出生率を押し上げているのがヒスパニック系の人びとです。

アメリカの人口は1968年にほぼ2億人でしたが、2014年には約3億1890万人。半世紀もたたない間に、日本全体に近い人口を増やしています。これは年間100万人というような規模で移民を入れているからです。ベース部分が広がれば、経済も当然拡大していきます。

「移民国家」「モザイク国家」といわれるアメリカは、先進国でありながら、発展途上国的な要素を色濃く持っている国で、そのことが発展の原動力となっているのです。受け入れ審査が厳格化され、大統領候補が移民排斥を訴え、人種間のさまざまな問題が噴出しているアメリカですが、移民が国を支えていることは間違いありません。

マイクロソフト、アップル、インテル、グーグル、フェイスブックなどに代表されるIT、宇宙航空、軍事、バイオテクノロジーなど最先端産業もアメリカの大きな強みです。パソコンやスマホに関係するものは、現物のハードを製造するのは中国・台湾・韓国でも、設計し発注するのはアメリカです。ソフトウェアやSNSも軒並みアメリカ発で、経済を大きく支えています。

そこにシェールガス効果もあって、アメリカが資源輸出国になっていくという話まであるわけです。

アメリカ経済に懸念材料はないのか？

ですからアメリカ経済は好調で、そろそろインフレ懸念も生じてくるから、いつ利上げをするかタイミングをはかっています。これといったマイナス材料は、いまのところ見当たりません。

世界経済全体がパッとしないから輸出が減る、あるいはドル高で輸出が減るなどと懸念されていましたが、どちらも大きなマイナス要因にはなっていません。

アメリカがかかえる最大の問題は、一言でいえば「格差の拡大」で、これに対する不満がさまざまな形で噴出していることです。トランプ現象も、その一つの現われですね。格差の拡大による「アメリカ分裂」をいかに回避するかは、アメリカの大きな課題であり続けるでしょう。

為替相場は、アメリカの強さを背景に、緩やかなドル高が続くと見ます。ただし、ドル高ならば円安なのかといえばそうではなく、ドル高でしかも円高なのです。ドルと円が何に対して高いかというと、ポンドやユーロに対してです。

後で見るように、ギリシャ危機が依然として片付かず、ユーロ不安が続くところに、イギリスの国民投票で「ユーロ離脱」という衝撃的な結論が出て、「ユーロ安ポンド安」対「ドル高円高」という構図になっています。

円は、なんとなく世界の安全通貨のような感じになっていますから、世界経済が混乱すると円高になってしまいます。円の実力、あるいは適正水準から離れて、1ドル90円というような円高に近づく恐れも否定はできない、と私は見ています。

ヨーロッパの国債は、どうなっているか

米国債の話はここまでにして、次はヨーロッパの国債や経済を見ていきましょう。

ユーロ圏内でもっとも信頼性があると考えられているのは、ドイツ連邦共和国政府が発行するドイツ国債です。

ドイツ国債は、ドイツ連邦基本法（ドイツ憲法）と予算基本法を発行根拠法としています。たとえば連邦基本法第115条（連邦による信用調達）は、かつて「将来の会計年度において支出をもたらすかもしれない信用の調達、並びに人的及び物的保証その他の保証の引受けは、連邦法律による、その額が特定されるか又は特定されうる授権を必要とする。★信用からの収入は、予算中に見積もられている投資支出の総額を超えてはならないものとし、経済全体の均衡のかく乱を防止するためにのみ例外が許される。詳細は、連邦法律で定める」（★印は筆者が便宜的につけたもの）としていました。ところが、2000年代以降、この規定の後段が守られなくなったので、★印以降を削除し、次のような詳細な規定を盛り込む基本法の改正（憲法改正）が06年7月におこなわれました。

「収入と支出とは、原則として信用からの収入によることなく均衡させなければならない。信用からの収入が名目国内総生産の0・35％を超えない場合には、当該原則に合致する。加えて、通常の状態から逸脱した景気の推移に際して、予算に対するその影響を好況及び不況いずれの場合においても等しく考慮に入れなければならない」（以下略。実際はこの3倍以上の長さ）

ドイツは、70年代のオイルショックや90年代のドイツ統一のとき、膨大な国債を発行せざるをえず、財政収支のバランスを大きく崩して苦しんだ経験があります。そのことへの危機感から、各国の憲法にあたる基本法に、ここまでこと細かに書き込むわけです。いかにもドイツらしい綿密さ、几帳面さで、こうしたことがドイツ国債の信用の裏づけにもなっているのでしょう。

主要格付け3社（ムーディーズ・S&P・フィッチ）とも、ドイツ国債の格付けを北欧諸国・カナダ・スイスなどと並ぶ「AAA」としており、ドイツ国債は世界でもっとも安全な国債の一つと見なされています。

ちなみに日本国債の格付けは「A1」「A+」「A」で中国や韓国より下。チェコやスロバキアよりも下で、サウジアラビアと同じ水準です。

ユーロ危機の2012年、ドイツ国債の利回りはマイナスになった

ドイツ国債は、ギリシャ危機がユーロ危機へと拡大した2012年に利回りが一時マイナスとなったことがあります。ドイツ国債に買いが殺到して、債券価格が上昇し利回りが低下して、ゼロを下回ったのです。

当時はギリシャのユーロ離脱や、最悪の場合としてユーロ圏解体まで、取り沙汰されていました。そうなってもドイツ国債を持っていれば損はしない、というのが競って買った投資家の理屈です。万が一、ユーロが崩壊したときは、ドイツ国債はドイツマルク建てに切り替えられ、それまでよりも通貨価値が上がるはずだ、というわけです。

これには反対意見もありました。ギリシャ救済やユーロ立て直しでドイツ政府が負担を迫られるコストは、事態が悪くなればなるほどふくらんでいく。負担の割合も金額も増えるから、ドイツの信用力もマルクの価値も落ちるはずだ、という主張です。

いずれにせよギリシャ危機は、IMF（国際通貨基金）とEU（欧州連合）が10年5月に第1次支援（1100億ユーロを投入）を決め、さらにIMF・EU・民間が12年2月に第2次支援（1300億ユーロを投入）を決めたことで、いったん収束したかのように

図表20：主要国の政利政策と10年国債利回り（2015年1月〜2016年）

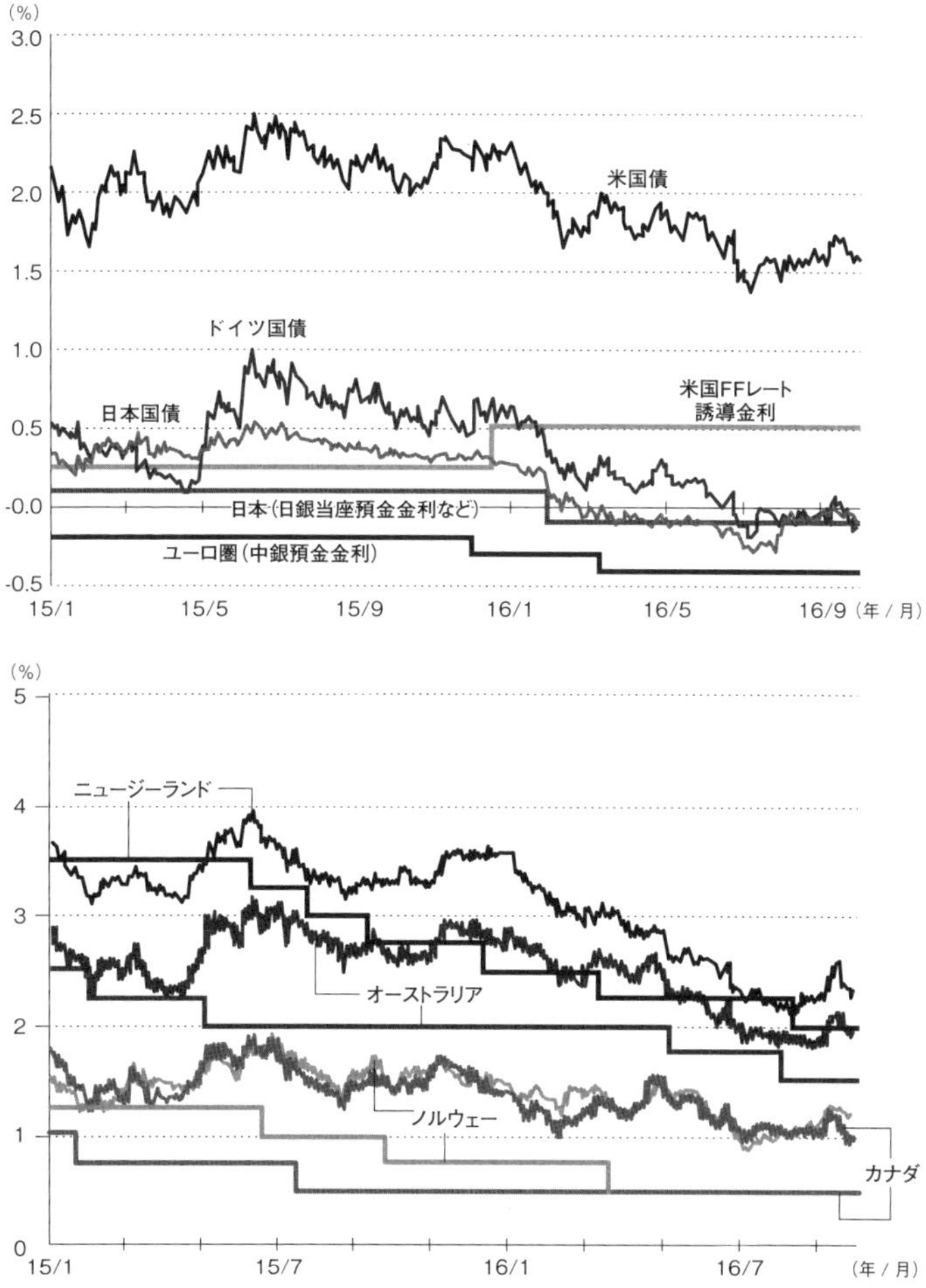

出所：トムソン・ロイター

見えました。

ところが、ギリシャに支援金をわたす条件とされた増税・年金改革・公務員改革・公共支出削減・民営化といった緊縮策がギリシャの景気を悪化させ、国民の不満が爆発。15年1月の総選挙で緊縮反対を叫ぶチプラス政権が誕生すると、EUとギリシャの対立が激化して、危機が再燃しました。

15年7月にはチプラス政権が国民投票を実施し、国民から「緊縮拒絶。ただしユーロ圏残留」という一札を取るかたちでEUと対峙。8月には第3次支援（3年間で最大860億ユーロを投入）が決まって、問題が先送りされたのです。

この間、ドイツ国債利回りはゼロに近い水準で、微妙に上がったり下がったりしています。主要国の長期金利を図表20に示しておきましょう。

ドイツ経済は悪くなく、EU内で一人勝ち状態だが

ドイツはEUのなかでは一人勝ち状態で、巨大な経済力を背景にユーロを支えてきました。ドイツの実質GDP成長率は、12〜13年に0・5%前後でしたが、14〜15年は1・5%前後と悪くありません。内需が堅調で、16年は2%に近づくと見られます。

ただし、懸念材料もあります。

15年秋には、自動車大手フォルクスワーゲンの排ガス規制逃れ問題が発覚。同社は米環境当局と最大147億ドル（約1・5兆円）の和解金を支払うことで合意しました。アメリカで自動車メーカーが支払った不祥事の解決金としては最大額と報じられています。

ドイツ最大のドイツ銀行（ドイツの中央銀行であるドイツ連邦銀行とは別）は、かつて「モーゲージ証券」を不正に販売した疑いで、米司法省から140億ドルの和解金を請求されました。

モーゲージ証券は「住宅ローン担保証券」とも呼ばれ、住宅ローンなど小口の不動産担保融資の債権を多数まとめて、それを担保に発行された証券です。

ごく簡単にいえば、アメリカが住宅バブルだったとき、住宅ローン（の借用証）をたとえば1万人ぶん集めてひとまとめにし、期限までに合計2000億円が返済されるという巨大債権にします。この債権を分割してつくった証券を、「1000万円ぶん買えば1200万円戻ってくる」というような触れ込みで、人びとに売ったわけです。

ところが、年収の低い人が不相応に高額の家を買うといったローンばかりだったので、バブル崩壊でみんな借金を返せなくなり（これがサブプライムローン破綻）、証券は紙切れと化して、買った人や金融機関が大損しました（これがリーマン・ショック）。

ドイツ銀行が払う和解金は3分の1ほどに減額される見込みといわれますが、それでも5000億円近い規模です。ドイツ銀行の株価はどんどん下がり、ほかにも莫大な不良債権をかかえている、深刻な経営難に陥っているなどという憶測が絶えません。

この問題には、しばらく注意を払っておく必要があるかもしれません。

イギリスのEU離脱で、ヨーロッパはどうなる？

2016年6月23日には、世界史的な大事件が起こってヨーロッパを震撼させました。イギリスでEU（欧州連合）加盟の是非を問う国民投票がおこなわれ、離脱支持が残留支持を上回り、イギリスのEU離脱が確実になったのです。

有権者数は約4650万人で投票率は72・2％。1741万人が離脱を、1614万人が残留を選び、約52％対48％の接戦でした。

イギリスの離脱を「Britain」と「exit」を合わせた造語で「Brexit」（ブレグジット）といいます。ブレグジットでイギリスはどうなるのか、投票前に盛んに議論されました。保守党のキャメロン内閣が「離脱すればイギリス経済が悪くなる」と主張し、労働党も同じ考え方、エリートやインテリ層もそう見ていたので、事前の予測では残留派が勝利するだろうと思われていました。

ところが、投票箱を開けてみると、熟年・高齢層に離脱派が多く、低所得層や労働者も離脱を選択。保守党や労働党という支持政党に関係なく離脱を選んだ人が大勢いました。

離脱した場合の経済的な悪影響よりも、EUにとらわれない自主性や自決が重要で、離脱によって移民を制限すれば、仕事を奪われたり社会が不安定になったりすることを防げる、という考え方が多数派を占めたのです。

イギリスは実は移民大国で、全人口6400万人の1割が外国生まれとされ（半数はイギリス市民）、移民が300万人以上住んでいます。インドなど旧植民地の人には戦後に一時、自動的に移民を認めたなど特殊な事情があるのですが、2000年以降に増えたのはEU域内の東欧からの移民です。もっとも多いのがポーランドの85万人で、ほかにはルーマニア、リトアニア、ブルガリアなど。失業率の高い南欧出身者も増えました。

これに、シリアなどからヨーロッパを目指す難民の姿が重なって、イギリスの庶民が、移民や難民に生活を脅かされているというイメージがふくらんだのです。

今回の国民投票の結果、イギリスは1973年に加盟したEUから脱退することが確実になりました。今後は交渉に1〜2年かけてさまざまなアレンジメントをし、マイナスの影響をなるべく小さくしたうえで正式離脱となるでしょう。

国民投票で「ノー」と決まったことを、ひっくり返すことはもうできません。15年、20年をへて、離脱してもろくなことはなかったからやっぱり再加盟、という可能性はあるでしょう。

EUは南北格差の拡大という構造的な問題をかかえている

イギリスで移民が増えたのは、EU統合というグローバル化によって、人・もの・カネの動きが自由になったからです。これに対して離脱を選んだイギリスを見て、EUにとどまって本当に得なのか、離脱も選択肢の一つなのではないかという動きが、今後ほかの国でも出てくる可能性があります。

EUからすれば、域内でドイツにつぐ経済大国のイギリスが抜けて、2番目に大きな拠出金を出していた国を失うわけです。これ以上統合が崩れていくことは避けなければならず、イギリスに対してやや高い関税を設定するなどペナルティがあることを示して、離脱の動きを牽制するかもしれません。

しかしEUは、北と南の格差が大きく広がってしまい、これが非常に根の深い〝構造的な問題〟になっています。

ドイツ、オランダ、ルクセンブルクなど経済が好調な国と、ギリシャ、スペイン、ポルトガルなど経済のよくない国が、はっきり分かれています。経常収支を見ても財政収支を見ても、北が黒字で南が赤字なのです。

なぜそうなったかというと、ユーロという共通通貨をつくったからです。現在は通貨と為替を統合し、銀行業務は不完全ながら、欧州中央銀行をつくって金融を半ば統合した状態です。その状態で、域内関税を撤廃し、人や資本の移動を自由にしています。

このため、経済状態のよい国と悪い国の間でバランスを是正する「為替調整」機能が失われてしまい、ドイツもギリシャも同じ土俵で勝負しなければならないのです。

昔は、ドイツ経済がよくギリシャ経済が悪いと、ドイツ通貨のマルクが切り上がり、ギリシャ通貨のドラクマが切り下がります。すると、以前と比べてドイツのギリシャへの輸出が割高に、ギリシャのドイツへの輸出が割安になります。同時にドイツのギリシャからの輸入は割安に、ギリシャのドイツからの輸入は割高になります。

そこで、ドイツのベンツはギリシャで売れなくなり、ギリシャのオリーブや海産物はドイツでよく売れるようになります。ドイツからギリシャを訪れる観光客が増え、ドイツからギリシャへの投資も増えます。この結果、ギリシャ経済が回復するという調整機能が効くのです。

現在は同じユーロという通貨を使っていますから、以上の調整機能が働きません。経済が悪くなった国は悪くなる一方で、格差がどんどん拡大していってしまいます。

財政統合は難しく、断続的に危機が起こる状態から抜け出せない

問題を抜本的に解決するためには、財政統合をするしかありません。これは言葉や文化をそのままに、経済的に「一つの国にする」ということです。

一つの国になれば、たとえば一極集中で東京だけが儲かり、地方はすっかり疲弊しているというとき、国の財政で東京で吸い上げたおカネを地方交付税交付金として地方に回すという仕組み（財政移転）ができます。

しかし、財政統合をしてドイツのカネをギリシャに回そうとすると、ドイツでは、なぜ自分たちのカネでギリシャを助けなければならないのだ、とドイツ国民が抵抗します。ギリシャ国民もドイツ支配なんてまっぴらだ、と抵抗します。ですから、実現は容易ではありません。

フランスの学者エマニュエル・トッドが最近「『ドイツ帝国』が世界を破滅させる」という本を出しましたが、まさにドイツ帝国への警戒心が、これ以上の統合を阻むことにな

ります。ところが、ドイツ帝国の助けがなければＥＵは経済的にやっていけません。そんなジレンマに、ヨーロッパは苦しんでいます。

金融緩和で刺激して経済を上向かせようとしても、いま申しあげた構造そのものには手のつけようがありません。しかも、ＥＵ各国の金融機関は、構造がこれまで生み出した南欧の不良債権をかかえていますから、経済の先行きはなお不透明です。

ですから、ギリシャ危機になって大量に資金を投じ、そのときは効果があっても、やがてどこかで効果が切れてしまい、また危機になって大量に資金を投じる、ということを繰り返しているわけです。

ヨーロッパ経済は当面、不透明感を払拭できないなかで危機が断続的に出てくる状況が続くと見るべきでしょう。

中国の国債は、日本国債より格付けが上で、新興国トップクラス

次は中国の国債事情と経済の話です。

中国人民銀行などによると、中国の国債発行残高は２０１４年末にＧＤＰ比で15％、金額で10兆人民元（約１５０兆円）とされ、経済の成長とともに拡大を続けています。

ただし、中国は企業が銀行借り入れに依存するウェイトが大きく、多くの国でＧＤＰに対する債券市場の寄与が融資よりも大きいのに対して、融資の寄与が債券市場を上回っています。償還期限も短いものが多くなっています。

債券市場の自由化が少しずつ進んでいるものの、まだまだ規制は残り、株式市場と比べると低調です。日本でも証券会社を通じて人民元建て中国国債を購入できますが、海外勢が積極的に買っているとはいえません。

中国の国債はこれまで中国本土と香港でしか発行されていませんでしたが、16年5月には英ロンドン市場で初めて人民元建ての国債が発行されました。30億元（約５００億円）と額は大したことはありませんが、中国が進める「人民元の国際化」の一環として注目すべきでしょう。

ＩＭＦの16年4月時点の推計によると、中国の政府債務残高は34兆１８８０億人民元（日本円で約５２６兆円）。日本の２・６倍ほどある中国のＧＤＰに占める債務比率は、45％くらいです。先進国では１００％前後、もっとも過大な日本の場合は２４０％ですから、これは非常に健全な数字です（99ページ図表11を参照）。

中国は、統計データが信用できないと、よくいわれますし、シャドー・バンキングなど実態がよくわからない問題が少なくありません。

シャドー・バンキングは、人民解放軍や地方政府の影響下にある投資会社や貸金業者といった〝影の銀行〟が、高利回りの「理財商品」と呼ばれる資産運用商品をつくって銀行で売り、その資金が地方政府の投資プロジェクトなどに還流している問題です。

100兆円以上の不良債権が発生しているのでは、という見方もありますが、実際は数十兆円規模なのか200兆円規模なのかも、わかりません。

しかし、こうした問題を考えに入れるとしても中国の債務残高は深刻なものではなく、まだまだ健全な水準と見てよいのでしょう。

そこで中国の国債は、日本国債よりも上に格付けされています。韓国のちょっと下ですが、「Aa3」「AA−」「A+」など、新興国の国債としてはトップクラスに位置づけられています。

バブル崩壊で高度成長が終わり、中国は安定成長の時代へ

中国の国債が安全なものと見なされる一方、2015年夏に上海株式市場が暴落し、中国発の株安が各国に波及して一時「世界同時株安」の様相を呈したことは、記憶に新しいところです。

中国はわずか40日ほどの間に、官民合わせて4兆元とも5兆元ともいわれる巨額の資金（当時のレートは1元＝約20円で、約80～100兆円。なお、現在は1元＝約15円）を株価の下支えに投入しました。

株価の下落が進む過程で、輸出減速や景気後退など、中国の実体経済の悪化も明るみに出てきました。これを中国の「バブル崩壊」と見てもかまわないでしょう。

ここにいたる中国経済の歩みを、駆け足で振り返っておきます。

中国が鄧小平のもとで「改革開放」（国内改革と対外開放）政策に踏み切ったのは1978年です。市場経済への移行は89年の天安門事件で一時中断したものの、東西冷戦の終結で旧ソ連・東欧圏が雪崩を打って社会主義を捨てたことと軌を一にして、中国も資本主義化を進めました。90年以降、中国は世界市場に本格的に参加しはじめます。

その経済発展は実にめざましいもので、92～96年と03～07年に、それぞれ10～14％の二ケタ成長をしています。97年のアジア通貨危機で減速した98～99年も8％近い成長。07年夏の米サブプライムローン破綻や08年秋のリーマン・ショックで世界が大混乱した08～11年も、平然と9％台の成長率を維持しており、10年は二ケタ成長でした。

ようするに、2011年まで20年間の中国経済の力強さは際立っていて、世界でも例外中の例外というべき高成長でした。

図表21：中国の実質GDP成長率の推移
（2013〜2016年6月）

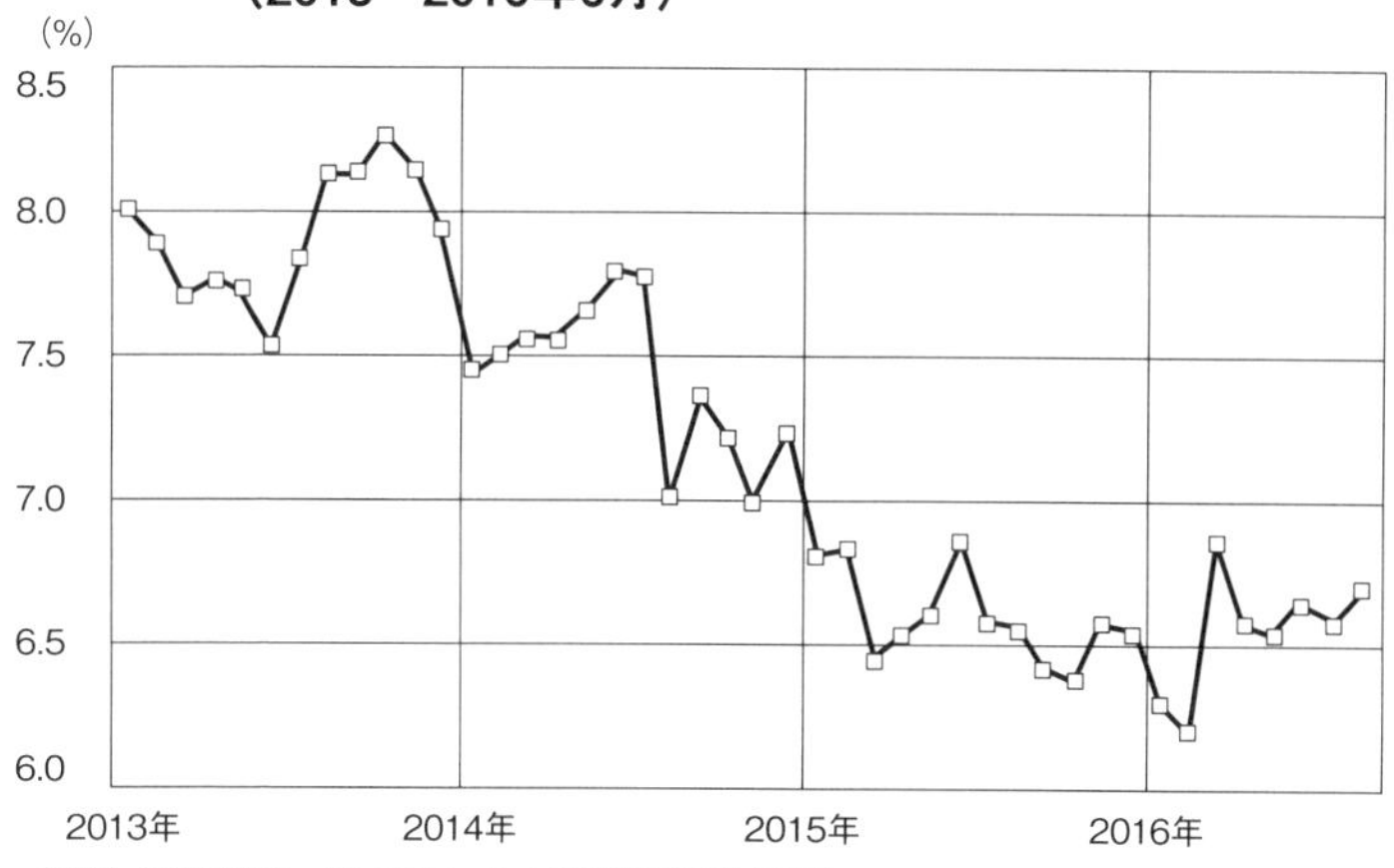

出所：中国国家統計局

この間、中国には8〜9％の経済成長を余裕で持続できる〝基礎体力〟を持っており、実際、中国大陸は、50〜70年代の日本が五つも六つも出現したかのような活況を呈していたのです。

高度成長期の中国経済には、つねに「バブル崩壊」の懸念がつきまとっていました。成長率14％の92〜93年と07年は、株式や不動産市場が過熱したバブル気味の経済です。08年の北京オリンピックと10年の上海万博も、不動産バブルを膨張させてバブル気味の経済を招き、中国政府は懸命にバブルを押さえていました。

結局、しばしばバブルの兆候を見せた中国経済は、当局が早い段階から警戒し、対策を打ち出したことで、日本のバブル崩壊

図表22：「李克強指数」の推移（2013〜2016年6月）

「李克強指数」とは、李首相の名前をとってメディアが発表したとされる。
首相が遼寧省トップを務めていた際、景気の参考指標としていた
「電力消費量（発電量）」「銀行融資」「鉄道輸送量」の前年同月比を推定した上で、
その3指標を均等に加重平均したものである。

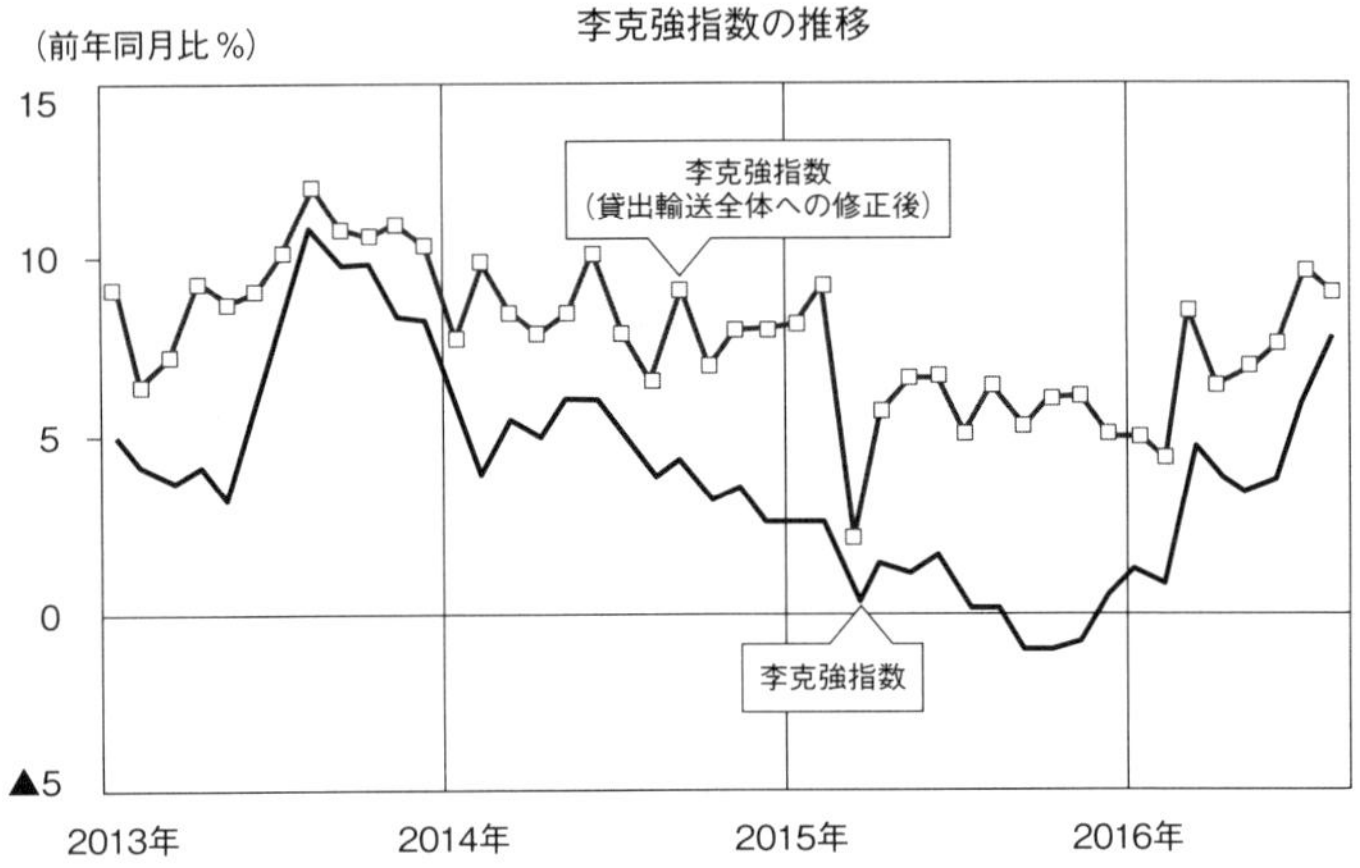

出所：中国国家統計局、ニッセイ基礎研究所

やアメリカのリーマン・ショックのような巨大なクラッシュには見舞われず、ヒートダウンしはじめました。

中国の経済成長率は、12年7・7%、13年7・7%、14年7・3%と〝順調〟に落ちていきました。「高度成長」から「安定成長」への移行が始まったのです。

前ページの図表22が示すように、13年半ば以降、中国経済のファンダメンタルズ（経済の基礎的条件）は明らかに悪化しています。そんななかで上海株式市場は、14年の後半からどんどん上がり続けました。実態がともなっていませんから、これはバブルの膨張で、それが1年後に弾けたわけです。

中国の成長率は数%が続き、20〜30年後でも3%以上と高い

成長率10%前後の高度成長から、成長率7%前後の安定成長へと、中国経済がステージを移したことは、中国の習近平政権もよく自覚しています。

15年の経済政策運営を示すために中国政府が出したキャッチフレーズは、こうです。

○新常態（ニューノーマル）
○高速成長から中高速成長へ

○穏中求進（安定の中で前進する）

むりやり高い成長目標を掲げるのはやめ、現実的な目標を打ち出して、ソフトランディングを目指すわけです。これは、かつて日本で叫ばれたライフスタイルの多様化、サービス化、軽薄短小、量から質へ、量から効率へなどのキーワードと、たいして変わらないといえるのでしょう。

中国は、共産主義を掲げながら実は資本主義をやっていますが、実は「国家資本主義」の国です。これを今後、さらにふつうの資本主義に近づけていくことになります。

ここまで中国は、そこそこうまくやりました。しかも国家資本主義の〝長所〟を最大限に発揮してうまくやってきた、といえます。これは、中国が「あとから来た」資本主義国で、弾けるまでバブルに気づかなかった日米の先例に学び、同じ轍を踏まないように「バブル崩壊の芽」を摘んできたからだろうと私は考えています。

ＩＭＦは、この先の中国の成長率を６％程度と推計しています。実態はもっと悪く３％くらいではという見方もあり、中国経済がかなり沈んでいることは間違いないでしょう。

中国の成長率は、数％という水準がしばらく続き、一時的に悪くしても４～５％に落ち込む程度。その後だんだん成長率を落としていくものの、おそらくは20～30年先でもなお３％以上の水準にあるだろう、と私は見ています。

中国の落ち込みが大恐慌のような巨大クラッシュの引き金になることも、まず、ありえないでしょう。

高度成長期の整理がつかず、安定に向けた混乱は続く

注意しておきたいのは、中国経済が成長から安定へステージを移しているといっても、完全に着陸したわけではなく、安定を生むための苦しみや混乱が、依然として続いていることです。

中国では企業の倒産が相次ぎ、「ゾンビ企業」の存在は日本でもしばしば報じられています。中国で倒産法が整備されてから10年も経っていないせいか、法的倒産の件数は年に2000～3000件と少ないのですが、毎年75万といった数の企業が任意整理（登記抹消）されています。高度成長期の過剰投資など、デメリットがさまざまなところに噴出して、整理がついていません。

いまは、中国の〝アキレス腱〟だった懸念材料が現実のものになった状況だ、ともいえるのでしょう。

これまで懸念されていたことの一つは、中国の輸出依存度が高いことです。

工業製品を中心に輸出を伸ばした中国は、09年にドイツを抜き世界1の輸出大国に躍り出ました。ところが、輸出依存度（輸出額÷GDP×100％）が10年に36・6％と、人口が億を超える大国では例のない高さ。逆にいえば内需が育っておらず、各国で不況が進むと、輸出がガクンと減り、成長が鈍化してしまいます。

懸念されたもう一つは、いわゆる「中進国のわな」です。

ある国が中進国のステージに進むと、賃金が上がり輸出品の価格競争力が弱まります。すると、もっと安い製品をつくる途上国との競争に勝てません。といって、まだ高い技術力がついていませんから、先進国との競争にも勝てません。こうして足踏み状態に入り、なかなか成長できないのです。このわなから、韓国や台湾は抜け出しましたが、中国は抜け出せていません。

ある意味で危機的な状況ともいえますが、先ほど見たように中国の財政にはかなり余裕があるうえ、中国は国家資本主義の手法が使えますから、政府が介入して経済を支える余地が充分あるわけです。

中国経済の減速は、世界経済にも深刻な影響をおよぼしています。「世界の工場」の活動がパッとしなければ当然、石油や鉄鉱石など資源の需要が減り、資源国の経済を悪くします。中国との貿易に大きく依存してきた新興国の経済も悪くなります。

２０００年代以降に著しい経済発展を遂げた新興国を、頭文字を取って「ＢＲＩＣｓ」（ブリックス）と呼ぶことをご存じでしょう。ブラジル、ロシア、インド、中国の4か国ですが、いま経済が好調なのはインドだけ。ブラジルとロシアは新興国にして資源国ですから、経済が沈み込んでいます。

近くアメリカで利上げがあるかもしれませんから、そうなれば、新興国に振り向けられていたドルが、より高金利を求めてアメリカに回帰し、新興国の通貨が下落するといった悪影響も考えられます。

また、中国の成長率が6％↓5％↓4％↓3％と緩やかに下がっていくと申しあげましたが、これは言うのは簡単でも、現実にはかなり難しいことです。

そのときどきで世界の政治・経済動向を見きわめながらコントロールする必要がありますが、たとえば北朝鮮問題がどうなるか、大規模災害が起こったらどうかなど、大きな不確定要素があります。

しかも、経済の勢いを落ち着かせていく政策は、豊かさを求める国民には必ずしも受けませんから、政治的にも難しいでしょう。国内矛盾を覆い隠すために、南シナ海や東シナ海（尖閣周辺）にちょっかいを出すような動きが今後も続くかもしれません。

それでもしばらくは数％、20年先でも3～4％という成長は、2％台のアメリカや、1

%台以下のヨーロッパや日本よりはるかに高く、中国は先進国をどんどん追い抜いていくことになります。

購買力平価で見れば、中国のGDPはすでに世界1

コンサルティング大手のプライスウォーターハウスクーパース社（ＰｗＣ）が出している「２０５０年の世界」というレポートがあります。

これによると、どのような経済指標や予測法に基づいても、２０３０年までに中国が世界最大の経済大国になることが確実な状況です。

ただし、中国の人口は約13・７億人、アメリカは３・２億人（14年）ですから、アメリカの一人あたりＧＤＰは中国の４倍と、依然として大きな差があります。

ＰｗＣのレポートは、２０５０年までの中国の平均実質ＧＤＰ成長率予測を３・４％としています。

中国の成長率が下がっていく最大の原因は、人口の減少です。国連の予測によれば、中国の人口は２０３０年ころ、14億２０００万人程度でピークを迎え、そこから減りはじめると見られています。２０５０年代後半には12億人台になる見通しです。

中国が「一人っ子政策」で子どもの数を抑制してきたことは、よく知られています。この政策は、15年秋の中国共産党の中央委員会第5回全体会議（5中全会）で廃止されました。新しい5か年計画では「一組の夫婦が二人の子を産む政策を全面的に実施し、人口高齢化への対策を進める」としています。

しかし、やや手遅れなようです。というのは、2010年の人口ピラミッドを日本と中国で比べると、日本の64歳以下と中国の44歳以下のかたちが、そっくりなのです。つまり中国の2030年の人口ピラミッドは、その20年前（2010年）の日本の人口ピラミッドと似たかたちになります。そのとき中国では高齢化が大問題になっているはずです。

そして、中国ではすでに深刻な少子高齢化が始まっているのです。

人民元の自由化・国際化が進み、やがてアジアの基軸通貨となる

中国の通貨「人民元」はどうなっていくでしょうか。この章の最後に、見通しをお話ししておきます。

人民元のレートは、15〜16年の1年間で、1元20円が15円になりました。

中国から海外旅行で東京に来て、秋葉原や銀座や新宿で20万円買い物をした人が、同じ

おカネ（人民元）を持って1年後に来てみたら、15万円ぶんしか買えないわけですから、たいへんな変動です。中国人の〝爆買い〟がめっきり減ったのも当然でしょう。

この円・元レートは、円・ドルレートと元・ドルレートの二つの動きで決まります。元は米ドルにペッグする（連動する）「管理変動相場制」のもとにあって、中国はこのペッグを少しずつ元安の方向に持っていき、停滞する輸出を伸ばそうとしています。同時に円安ドル高になれば、円・元レートはあまり動きません。円高ドル安になれば、より大きく動きます。

ただし、人民元が下がりすぎると、カネが中国から海外に逃げてしまいます（「資本逃避」や「キャピタル・フライト」といいます）。そうならないようにマネージメントしながら、元安に持っていきます。

ようするに中国は、先進国が需給関係で相場を自由に決める「変動相場制」を採用しているのに対して、より規制され自由度が低い「管理変動相場制」を採用しています。

政府が規制を設けてコントロールしている通貨は、信頼性のある通貨とはいえず、取引も増えません。「コンバータビリティを回復する」といいますが、中国が今後、元を自由に売買できるコンバータブルな通貨に近づけていくことは間違いありません。

中国が人民元の完全な規制撤廃に踏み切るのは、そう遠い日のことではなく、二〇三〇年までには実施されそうです。

人民元の自由化を進めていく中国は、為替や金融の自由化の先に「人民元の国際化」や「人民元のアジア通貨化」を考えています。後者は、「人民元をアジアの基軸通貨にする」ことです。

16年10月1日からは、IMF（国際通貨基金）の準備資産であるSDR（特別引き出し権）の構成通貨に人民元が加わりました。これは元がドル・ユーロ・円・ポンドに続く国際通貨として承認され、人民元の国際化が大きく進んだことを意味します。

SDRは、外貨が不足する国が出たときのためにIMFが考え出したもので、IMFは16年3月時点で約2041億SDR（2850億ドルに相当）を発行し、出資額に応じて加盟国に配分しています。SDRを持つ国は、それを渡すことで必要とする通貨を入手できる仕組みです。

SDRは、昔は金の価値と連動していました。現在は主要通貨の価値を案分（ウェイトづけ）して決めており、その主要通貨に人民元が加わったわけです。

「三大通貨」といえば、米ドル・ユーロ・日本円の三つを指します。しかし、やがては人民元が国際通貨になり、四大通貨の時代が来ることになるのでしょう。

第5章

低成長時代を、日本はどう生きるべきか？

成長戦略、構造改革はもういらない

日本経済の〝巡航速度〟は、実質GDP成長率1%

この本は、国債の基礎知識から始めて、その歴史を振り返り、日本国債の現状を検証したうえで今後を展望し、日本経済の将来について考えました。さらにアメリカ、ヨーロッパ、中国の国債を紹介して、世界経済がどう動いていくか見てきました。

本書のタイトル「日本国債が暴落する日は来るのか?」への答えが、「大丈夫、10年ほどは来ない」であることには、みなさん納得していただけたのではないでしょうか。

同時に、その先にやってくる「消費税20%」の世界を想像して、暗澹たる気持ちになった人もいるはずです。

現在のアベノミクスの成否がどうであろうと、あるいは2020年東京オリンピック・パラリンピックが成功しようとしまいと、日本が今後、きわめて難しい時代を迎えることは間違いない、と私は考えています。

第5章では、これからの難しい時代を生き抜いていかなければならない日本の戦略、そして日本人の心構えについて、お話ししておこうと思います。

図表23に示したように、日本の経済成長はパッとしません。グラフを見て明らかなこと

図表23：戦後日本の経済成長率の推移

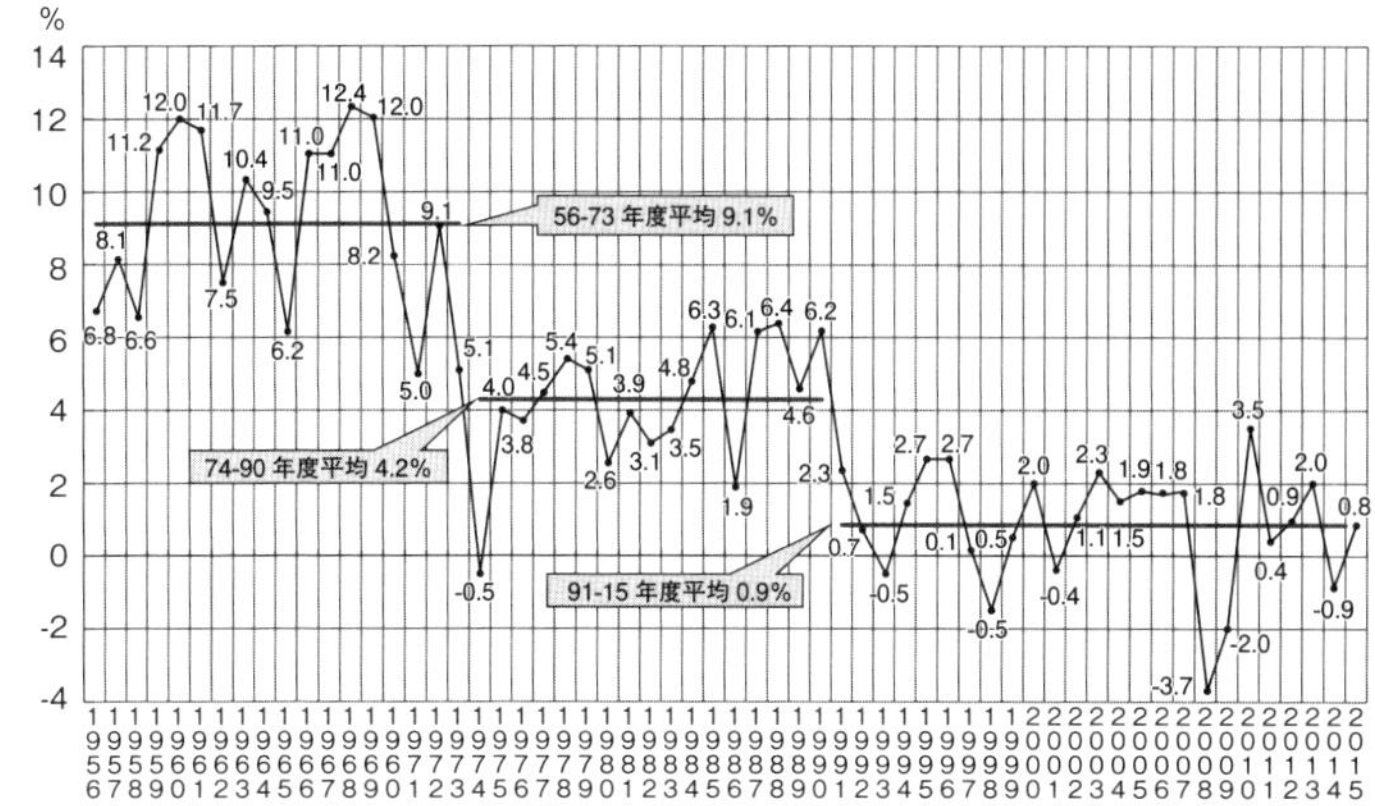

注）年度ベース。93SNA連鎖方式推計。平均は各年度数値の単純平均。1980年度以前は「平成12年版国民経済計算年報」（63SNAベース）、1981～94年度は年報（平成21年度確報）による。それ以降は、2016年4-6月期2次速報値〈2016年9月8日公表〉

出所：財務省

は、現在の日本経済の〝巡航速度〟は、およそ「1%前後」だということです。幅を見て「0・5%～1・5%」というところ。過去四半世紀の平均成長率も0・9%でした。

16年度の実質GDP成長率は0・5%というのがIMFの予測ですから、巡航速度よりは下で、まだ余力があります。ということは年度末までに、あるいは17年度に、もっと上がる余地はあるでしょう。

しかし、その先2%、3%、4%と上がっていくかといえば、それはありません。

現在の日本は、失業率が低く、就職もよく、東北の復興需要やオリンピック需要などの〝特需〟があって、全国で大工事をしています。それでも1%に達するか達しないか、なのです。私たちは、このあたりが日本の「順当な」実質GDP成長率だ、と考えるしかないでしょう。これが、私のいう巡航速度の意味です。

そうこうするうち、東京オリンピック・パラリンピックが終わり、日本経済は減速します。避ける手立ては難しいですが、再び積極的な金融緩和をやるか、財政出動をするかでしょう。

ヨーロッパ型の福祉社会を目指し、国の大戦略を立てる

「日本経済はこの先ずっと成長率0・5％～1・5％程度で推移する」と、私たちが覚悟しなければならないならば、日本に必要な戦略は、どんなことでしょうか。

まず必要なのは「日本をどのような国にするのか」という大きな将来ビジョン、大戦略を明確に打ち立てることだ、と私は考えています。

いうまでもなく日本は、人口がだんだん減っていき、社会福祉コストは上がって、ますます成長しにくくなっていきます。

人口減少を食い止めることは、できません。高齢層に厚く若年層に薄い福祉を改め、若い人の出産・子育て支援策を打ち出して、出生率を高めることができたとしても、生まれ

てくる赤ん坊が働いて経済成長に寄与するまで20年、30年とかかります。うまくいったとして、２０４０年代に成長率が上向くかどうかという話です。

それでも、そのような政策を推進すべきで、モデルとなるのはフランスだ、というのが私の主張です。

第2子・第3子やそれ以上子どもがいる家庭のケア、子育てを終えた主婦が若い世代の層の子どもを預かる「保育ママ」など、もっと出産・育児・教育に国のカネを注ぎ込むべきです。問題は財源で、実現するためには増税が必要です。

消費税の税率を10％、15％、20％と上げて実現すべきだ、と私は考えます。10％までは軽減税率は必要ないと思います。その先は軽減税率を導入するか、または所得に応じて税金を還付するかです。

アメリカと日本は、先進国のなかでは「小さな政府」です。それを北欧のような「大きな政府」にするのは無理でも、ヨーロッパ型の福祉社会を目指して「中くらいの政府」に近づけていく。――これこそ日本が必要としている大きな戦略です。

こうした大戦略なしに、格好のよい、きれいごとだけを総花的に並べ立てても、インパクトもなければ、効果も期待できません。

圧倒的に強い「環境」「安全」「健康」で、世界に打って出る

右のような大戦略を実現するには、もちろん企業や産業の活動を広げ、活発にしていかなければなりません。吟味すべきことは、どんな分野に重点をおくかです。

日本経済は高成長、安定成長、低成長をへて、いまや成熟期に入りました。モノがあふれた成熟社会で人が減るのですから、モノの成長はもう終わりです。

〝モノ〟から〝ヒト〟への経済の転換、ハードからソフトへの転換が必至で、サービス産業のウェイトが70%を占めるようになったのも当然です。日本は、経済のサービス化を前提として、量や価格ではなくクオリティの高さで勝負することが鍵になります。

そこで、日本と世界を見わたせば、ほかの国にもない日本の強みに気づくはずです。日本の強さを示すキーワードを三つ挙げよといわれれば、次の三つです。

○環境
○安全
○健康

この三つの分野で、日本は世界を断然リードしています。それこそ「世界1」が目白押

しなのです。具体的に列挙しましょう。

「環境」では、日本は国土の68％が森で、世界に冠たる森の国です。雨が多い水の国でもあって、環境技術は世界1です。水道の蛇口をひねれば必ず水が出て、そのまま飲める国など世界に少なく、水道技術も文句なしに世界1でしょう。

日本の環境は、かつては劣悪でした。日本は、高度成長期に公害で苦しんだので大気汚染防止技術が、石油ショックで散々苦しんだので省エネ技術も、世界1です。ハイブリッド車や電気自動車も世界1。福島第1原発事故の災いも転じて、放射能汚染対策や原子炉廃炉技術でも、世界1になればよいのです。

「安全」といえば、日本の都市ほど安全な街は世界にありません。地震や台風が多いので建設や土木の安全面は、間違いなく世界1です。

新幹線の安全な運行システムも世界1。新幹線並みのスピードで走る鉄道は各国にありますが、前の列車が東京駅を出発した3分後に次の列車が発車して、同じ線路を走るという驚異的なシステムは、日本にしか実現できません。

「健康」では、日本人の平均寿命はほぼ世界1です。肥満人口が3％の日本は、もっとも肥満が少ない健康的な先進国といえます。医療水準は高く、国民健康保険その他の制度も整っています。

健康といえば「食」ですね。世界1うまい日本の食は、世界1健康によい食事で、世界中で和食ブームや寿司ブームが起こっています。畳やはだしの日本式生活も、先進国ではブームになっています。

環境・安全・健康の三つは、日本の得意分野であることがおわかりでしょう。

三つの分野とも長寿社会を迎えた先進国の重要なテーマで、世界中が強い関心を寄せ、新しいビジネスを狙って多くの企業が参入しています。強みを持つ日本は、潜在的にきわめて大きな成長力を持っているわけです。しかも、東京オリンピック・パラリンピックで世界が日本に目を向けています。このチャンスを生かさない手はありません。

成熟期に入ったことをちゃんと認識し、大きく〝モノ〟に傾いていた古い制度や慣行を改め、日本の強みを最大限に生かすビジネスを展開すれば、恐れるものなど何もない、と私は思います。成長率1%でも、人口減少社会でも、日本人は悲観する必要などまったくない――これを、私は声を大にして叫びたいのです。

「今日よりいい明日はない」というポルトガルの格言

日本では非正規雇用の人が働く人の4割に達し、フリーター、アルバイト、派遣社員などが増え、年収150万円や200万円で暮らす若者が増えました。そんな人たちは、この難しい時代に、経済のどんなことに目配りし、注意して生きていくべきでしょうか。

すでに「インフレの時代」は終わり、「デフレの時代」を乗り越えたとしても、「低インフレの時代」が続きます。

戦後長く続いたようなインフレの時代に借金すると、給与を含めた物価がどんどん上がっていきますから、借金の相対的な大きさ（価値）が小さくなっていき、返しやすくなります。ところが、デフレや低インフレの時代は、借金がそのままで、ヘタをすれば給料が下がってしまい、返しにくくなります。

ですから、いまも将来も、借金をしないほうがよいですね。

若い人たちは、みんなけっこう平気で銀行のカードローンなどを使って借金してしまうと聞きます。カードローンは一種のイノベーションで、ただちにダメと決めつけるつもりはありませんが、多額の借金をしないほうがよいことは、はっきりしています。

ポルトガルに、こんな格言があります。

「今日よりいい明日はない」

ポルトガルは、500年ほど前の大航海時代に世界に出ていき、スペインと覇権を争って、各地に植民地を築きました。そのころがピークで、あとは500年間、経済がだんだんパッとしなくなり、ギリシャ危機に際しても「次は」とささやかれた国です。そのポルトガルが、下り坂を転がりはじめたころの言葉なのでしょう。

「そんなの、楽しくねえなぁ」という声が聞こえてきそうですが、いまの日本では、こう考えたらどうでしょうか。

日本は豊かになった成熟社会。成長率は1％いくかどうかで、明日が今日よりよいとしても、格段とよくなるわけではない。たぶん明日も今日と似たようなものだろう。でも、すでに充分豊かなのだから、今日のレベルが維持できれば、何の問題もない。だから、今日の豊かさや幸せをかみしめながら、無理せず生きればよいではないか。

「今日よりいい明日はない」を、「日一日と悪くなる一方だ」と受け取ると、この先は絶望するしかありませんが、「毎日似たようなものさ、気楽にいこう」と受け取ればよいのです。

カネやモノとは別に、自分なりの身の丈にあった幸せや楽しみがあるはずです。一人ひとりがそれを発見し、自由に生きることこそ、モノがあふれた時代の生き方でしょう。

みんなモノを買いませんから、製造業は従来のやり方を続けてはダメです。ものづくり企業は海外に出ていくしかなく、実際そうしています。だから若い人たちには、やっぱり厳しい時代です。大学を出て名の知れた会社のサラリーマンになれば一生安泰という時代は終わったわけですから。

なんでもよいから、プロフェッショナルになりなさい

ゼロに近い成長しかできず、しかもグローバル化で世界に開かれている日本では、格差の問題が出てくることは避けられません。私がよく言うのは「なんでもよいからプロフェッショナルになりなさい」ということです。

日本語さえ話せればできるような仕事は、プロフェッショナルの仕事ではありません。それは、日本語を習ったアジアの人びとで務まりますから、彼らと同じ賃金しかもらえません。もっと稼ぐには、日本語ができるだけでは務まらないプロになるべきです。

企業の非正規雇用まで入れた平均的給与は、この20年ほどずっと下がっています。そのなかでは、特別な技能を持つ人、つまりプロフェッショナルの給与が相対的に上がり、どうしても格差が広がるのです。国が何か手当てするという話はまた別ですが、マーケットレベルでは、この格差拡大は避けられません。

高齢化のなか、定年後の長い人生をどう生きるかという問題も、人びとの大きな心配のタネです。たとえば３０００万円の退職金を受け取っても、年１５０万円ずつ使って20年

しかもちません。65歳、70歳と元気なうちはみんな働く時代になっていくのでしょう。

大企業の社員で、50代のころから日々の仕事のなかで退職後の自分の居場所を探し、たとえば取引先のオーナー社長と仲よくなって相談し、60歳にならないうちに会社に見切りをつけて早期退職。その社長の会社に入って社長室長となり、70歳近くまで働けるかたちを自分でつくった。――そんな人の話を、あちこちで聞きます。

それができる人はよいでしょうが、できない人は、再就職しようにも自分のキャリアを生かせる仕事が見つからないかもしれません。

そうだとしても、なにしろ日本全体の成長が1％いくか、いかないか。みんな無理をせず、1％前後の調子でゆっくりやったらよいのではないでしょうか。

［著者略歴］

榊原英資（さかきばら・えいすけ）

1941年、東京都生まれ。東京大学経済学部卒業。大蔵省入省後、ミシガン大学で経済学博士号取得。IMFエコノミスト、ハーバード大学客員准教授、大蔵省国際金融局長を歴任。97〜99年、大蔵省財務官を務め、「ミスター円」の異名をとる。慶応義塾大学教授、早稲田大学教授を経て、青山学院大学特別招聘教授、財団法人インド経済研究所理事長。2004年より高校生向けの合宿研修会「日本の次世代リーダー養成塾」を定期的に開き、日本の将来を担う人材の育成にも携わっている。著書に『中流崩壊』（詩想社新書）、『戦後70年、日本はこのまま没落するのか』（朝日新聞出版）、『世界を震撼させる中国経済の真実』（ビジネス社）などがある。

日本国債が暴落する日は来るのか？　低成長時代の国家戦略

2016年11月15日　　第1刷発行

著　者　榊原英資
発行者　唐津　隆
発行所　株式会社ビジネス社
〒162-0805　東京都新宿区矢来町114番地 神楽坂高橋ビル5階
電話　03(5227)1602　FAX　03(5227)1603
URL　http://www.business-sha.co.jp

〈編集協力〉坂本 衛　〈カバーデザイン〉尾形 忍（Sparrow Design）
〈本文組版〉エムアンドケイ　〈撮影〉城ノ下俊治
〈印刷・製本〉半七写真印刷工業株式会社
〈編集担当〉岩谷健一　〈営業担当〉山口健志

ISBN978-4-8284-1920-6

ビジネス社の本

1ドル65円、日経平均9000円時代の到来

2020年までの大波乱を乗り越える投資戦略

定価　本体1500円＋税
ISBN978-4-8284-1916-9

江守 哲……著

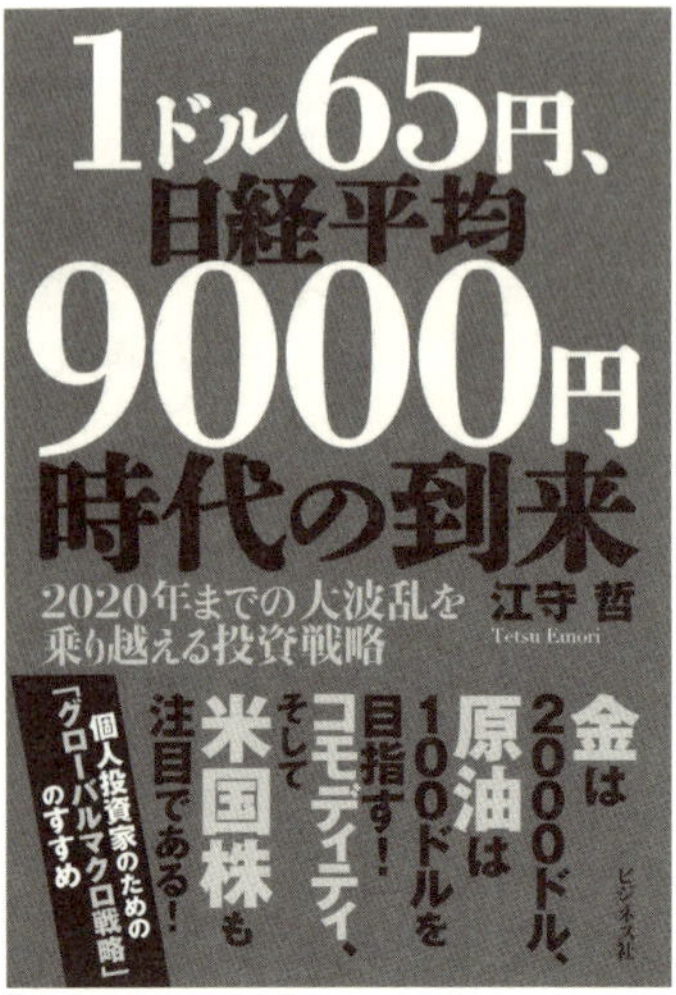

金は2000ドル、原油は100ドルを目指す！　コモディティ、そして米国株も注目である。

著名アナリストの円安株高予想はなぜ外れたのか。マーケット動向、世界経済の見通し、投資戦略について解説する。

本書の内容

第1章　2020年 1ドル＝65円になるこれだけの理由
第2章　日経平均株価が9000円になるこれだけの理由
第3章　なぜ米国株は過去最高値を更新し続けるのか
第4章　各国中央銀行の思惑と日銀の政策運営
第5章　金価格は2000ドルを目指す
第6章　原油価格は再び100ドルを目指す
第7章　「グローバルマクロ戦略」のすすめ
第8章　2020年に向けての投資戦略はこれだ！